中国共产党建党100周年优秀学术成果丛书

美好生活

以人民为中心的社会基层治理

高燕　陈帆　周艳　著

浙江工商大学出版社
ZHEJIANG GONGSHANG UNIVERSITY PRESS
·杭州·

图书在版编目(CIP)数据

美好生活：以人民为中心的社会基层治理 / 高燕，陈帆，周艳著. —杭州：浙江工商大学出版社，2021.4（2022.11 重印）

ISBN 978-7-5178-4357-3

Ⅰ. ①美… Ⅱ. ①高… ②陈… ③周… Ⅲ. ①社会管理—研究—浙江 Ⅳ. ①D675.5

中国版本图书馆 CIP 数据核字(2021)第 032736 号

美好生活：以人民为中心的社会基层治理

MEIHAO SHENGHUO：YI RENMIN WEI ZHONGXIN DE SHEHUI JICENG ZHILI

高 燕 陈 帆 周 艳 著

责任编辑 沈明珠

封面设计 沈 婷

责任印制 包建辉

出版发行 浙江工商大学出版社

（杭州市教工路 198 号 邮政编码 310012）

（E-mail：zjgsupress@163.com）

（网址：http://www.zjgsupress.com）

电话：0571-88904980，88831806（传真）

排 版 杭州朝曦图文设计有限公司

印 刷 杭州高腾印务有限公司

开 本 710mm×1000mm 1/16

印 张 13

字 数 200 千

版 印 次 2021 年 4 月第 1 版 2022 年 11 月第 2 次印刷

书 号 ISBN 978-7-5178-4357-3

定 价 52.00 元

总　序

1921年中国共产党的成立，是中国历史上开天辟地的一件大事。2021年，中国共产党将迎来百年华诞。100年来，中国共产党走过了波澜壮阔的光辉历程，从一个只有50多人的小党发展成为拥有9000多万名党员的世界第一大党，领导中国人民完成新民主主义革命，实现了民族独立和人民解放；建立社会主义制度，完成了中国历史上最广泛、最深刻的社会变革；做出改革开放伟大决策，开创了建设中国特色社会主义道路，为实现中华民族的伟大复兴指明了方向。历史和现实雄辩地证明，没有共产党就没有新中国，没有共产党就没有中国特色社会主义事业的胜利。中国共产党不愧为伟大、光荣、正确的马克思主义政党，不愧为领导中国人民不断开创新事业的核心力量。中国共产党100年的光辉历程，犹如一幅逶迤而又气势磅礴、雄浑而又绚丽多彩的画卷。

高山耸峙，风卷红旗过大关。中国共产党的百年党史就是在一个个挫折中不断成熟、在一场场考验中不断成长的奋进诗篇，如今的中国共产党已经拥有了应对挑战的丰富经验和克服困难的强大能力。面对百年未有之大变局，党的十八大以来，以习近平同志为核心的党中央统揽国内国际两个大局，统筹推进“五位一体”总体布局，协调推进“四个全面”战略布局，把中国特色社会主义不断推向前进。在“两个一百年”奋斗目标的历史交汇点上，党的十九届五中全会统筹中华民族伟大复兴战略全局和世界百年未有之大变局，提出了到2035年基本实现社会主义现代化远景目标，中国共产党将带领全国人民开启全面建设社会主义现代化国家、实现中华民族伟大复兴中国梦的新征程。

全面总结、系统阐释党的光辉历程是理论界义不容辞的责任。我校作为一所习近平同志在浙江任职期间亲自视察并寄予厚望的省重点建设高校，发挥在哲学社会科学领域的优势，宣传、阐释浙江乃至全国各地在党的领导下开展的伟大实践和探索，是我们的使命与担当。为此，我们筹划了这次“中国共产党建党100周年优秀学术成果丛书”出版工作。对于浙江工商大学来说，这套丛书在2021年出版发行具有双重意义。首先，这套丛书是我们向建党100周年的献礼工程，其次，2021年我们将迎来学校110周年校庆，因此，这套丛书的出版发行也是校庆系列活动中的标志性项目。

浙江工商大学110年的校史与中国共产党100年的党史是紧密交织在一起的。我校的前身是创建于1911年的杭州中等商业学堂。这是浙江省新式商业教育之先驱，也是当时全国最早创办的商业专门学校之一。1921年后，当中国共产党人为民族解放和人民幸福前赴后继、英勇奋斗时，学校在军阀混战、抗日战争和解放战争相继发生的旧中国，坚守实业救国初心，以传承实业教育为己任，筚路蓝缕、艰辛办学，学校数易其名、屡迁校址。1949年新中国成立、中国共产党成为执政党后，学校迅速完成了从旧高商向新高商的转变，进入历史新纪元，1963年，学校由商业部直属，更名为杭州商业学校，列为全国重点学校。党的十一届三中全会开启了改革开放历史新时期，社会急需大量商业管理人才，学校进入了一个崭新的发展时期，实现了一个又一个跨越：1980年，国务院批准建立杭州商学院，学校升格为本科大学；1990年获得硕士学位授予权；2003年获得博士学位授予权；2004年，教育部批准杭州商学院更名为浙江工商大学；2015年，学校被确定为浙江省人民政府、商务部和教育部共建大学；2017年学校被确定为浙江省重点建设高校。目前，学校正在按照2020年末召开的学校第三次党代会确定的战略目标，全力冲刺“双一流”，建设卓越大学，奋力标定在全国乃至世界高等教育中的新坐标。

回望学校110年办学历程，特别是新中国成立以来，我校始终坚持正确办学方向，与时代同呼吸，与祖国共命运。在我校的办学历史中涌现了爱国民主先驱、新中国首任粮食部部长章乃器，著名经济学家、国家计委副主任骆耕漠等一大批杰出校友。 可以说，浙江工商大学就是一所传承红色基因、怀揣实业兴国梦的高校。 从这个角度来看，浙江工商大学 110 年校史就是中国共产党 100 年党史的缩影。

在百年党庆和 110 年校庆的交汇点上，浙江工商大学组织全校力量编写这套丛书，热情讴歌党的丰功伟绩，唱响校庆活动的红色旋律。 丛书选题、编写工作从 2020 年初就开始酝酿，2020 年 5 月在全校范围征集“庆祝中国共产党建党 100 周年等重点选题和优秀研究成果”，经过专家评审、选题凝练，7 月确定丛书总体框架、各分册主题和内容，随后进入书稿撰写阶段。 此后，编写组还多次召开集体研讨会，研究书稿撰写、统稿、出版工作。 目前呈现在读者面前的是丛书的第一辑，随后各分册会陆续出版发行。

这套丛书涉及政治学、历史学、管理学、法学、经济学、统计学、语言学等学科，涵盖党的历史、现代化建设、党建业务、社会治理、经济发展、对外交流、数字经济等多个主题。 各分册从不同视角展现了浙江儿女、全国人民在中国共产党的领导下投身革命救亡图存、改革开放发展经济、走在前列实现跨越的伟大实践与探索。 我们希望这套丛书能够进一步激发社会各界的爱党爱国热情，进一步坚定广大读者的“四个自信”，进一步鼓舞全国人民在党的领导下建设社会主义现代化国家的冲天干劲。

这套丛书的编写、出版过程凝结了各分册作者、学校人文社会科处、浙江工商大学出版社相关同志的心血，在此致以问候！ 浙江省委宣传部、浙江省社科联、浙江省委党史研究室等部门相关领导和同志对丛书的整体定位、选题、编写工作给予了大量指导，一并表示衷心感谢！

陈柳裕

2020 年 10 月

序　言

民生之微，衣食住行；民生之大，事关家国。习近平总书记在党的十九届四中全会上提出“坚持以人民为中心的发展思想，不断保障和改善民生、增进人民福祉，走共同富裕道路”的要求。人民是共和国的坚实根基，是我们党执政的最大底气。从“不让一个孩子辍学”的义务教育制度，到“做大蛋糕，更要分好蛋糕”的收入分配制度，再到切实兜牢民生底线的社会保障制度等，这一系列民生举措带有暖心的温度，传递着幸福的味道。如何在发展中补齐民生短板，回应群众过上美好生活的期待？人民对美好生活的向往，就是我们的奋斗目标，这是2016年1月召开的省级主要领导干部学习贯彻党的十八届五中全会精神研讨班上，习近平主席做出的坚持人民主体地位、顺应人民群众对美好生活向往的重要指示。浙江正在以实际行动，发挥“三地一窗口”的重要战略作用，人民至上，义利并举，积极探索经济建设与民生建设两翼齐飞、双向发展的改革之路。“没有全民健康，就没有全面小康”——习近平总书记关于健康中国建设的这一重要论述，赢得全社会的强烈共鸣。回应民生期盼，把握时代脉搏。从印发《“健康中国2030”规划纲要》，到发布《健康中国行动（2019—2030年）》，党的十八大以来，以习近平同志为核心的党中央做出推进健康中国建设的重大决策部署，着力解决看病难看病贵问题，努力实现让人民群众“病有所医”的民生承诺。党的十八大以来，习近平总书记曾在不同场合多次强调要积极应对人口老龄化，大力发展老龄服务事业和产业。要完善制度、改进工作，推动养老事业多元化、多样化发展，让所有老年人都能老有所养、老有所依、老有所乐、老有所安。伴随着“互联网＋养老”的“浙里养老”智慧养老服务平台建设方案正式启动，浙江省养老服务将进入智慧时代。“一键在手，养老不愁”将成为现实。浙江正在努力共画养老同心圆，实现体制创新、服务创新与技术创新的同频共振。在党的十九大报告中，习近平总书记指出，必须把教育事业放在优先位置，并强调要推进教育公平，推动城乡义务教育一体化发展，高度重视农村义务教育。教育创造未来，建设教育强国是中华民族伟大复兴的基础工程。浙江正朝着加快教育现代化，加快建设教育强国，为决胜全面建成小康社会、夺取新时代中国特色社会主义伟大胜利、实现中华民族伟大复兴的中国梦、实现人民对美好生活的向往而努力奋进。就业是民生之本，创业是发展之源。党的十八大以来，以习近平同志为核心的党中央明确提出要加快实施创新驱动战略，着力推动创业创新，对促进经济稳中向好、稳定和扩大就业、加快新旧动能转换等发挥了重要作用。面对经济下行的压力，党中央、国务院没有采取“大水漫灌”式的强刺激，而是深化改革创新，以简政放权的减法、政策服务的加法破除制约发展的体制机制障碍，激发人民群众的创业创新活力。浙江按照中央部署，立足区域优势，对标窗口地位，瞄准重点群体创业创新，在完善政策、优化服务等方面开展了大量工作。现代社会的平安建设离不开科技支持。习近平总书记在党的十九大报告中强调，提高社会治理社会化、法治化、智能化、专业化水平，并多次在重要讲话中特别强调，要利用好互联网和网络信息技术，提升社会治理的智能化水平。信息化浪潮带来前所未有的社会变革，融入百姓生活的方方面面，也成为推进社会治理现代化、智能化的重要引擎。浙江正在努力建设完善统一指挥、反应灵敏、运转高效的基层治理信息系统，按照需求和应用来推进智能化建设，创造了政务云“最多跑一次”、杭州“城市大脑”等智能化社会治理的新模式和新经验。带着对这些问题的思考，本书对新时代中国特色社会主义民生思想的理论进行提炼，深刻描述了新时代中国特色社会主义思想在浙江的萌发及实践案例，阐释了在新时代背景下，经济发展进程中的工商业实践与民生发展之关系，阐述了政府治理中的民生实践，社会治理中的慈善精神，描绘了“浙里健康”“浙里文教”“浙里养老”“浙里平安”的场景与案例，梳理了浙江民生建设内涵与发展，以及未来浙江民生建设与浙江精神的关系，进一步清晰、真实、生动地刻画出浙江牢守为民办实事的初心，砥砺奋进、勇立潮头，以习近平总书记“以人民为中心”的重要思想为指引，浙江人前赴后继，一任接着一任干，书写着新时代的幸福秘籍，描绘出打造“重要窗口”，创造“美好生活”的幸福画卷。

本书得到了浙江省民政厅基层政权与社会治理处李爱燕同志、朱凌云同志，养老服务处陈建义同志，社会工作和慈善事业促进处陈小德同志等的大力支持，同时也得到了浙江省社区研究会以及浙江和康医疗集团董事钱培鑫的大力支持，在此表示深深感谢。 同时，本书的完成要感谢浙江文化工程“当代浙江社会生活话语与浙江精神研究”课题组钱毓芳教授团队扎实的访谈调研，还要感谢浙江工商大学公共管理学院研究生周艳、汪卉雪、雷卿、曹嘉轩同学在资料收集以及调研过程中的倾力投入。

作者

2020 年 12 月

目录 Contents

1 新时代中国特色社会主义民生思想理论与发展实践

1.1 我国民生思想的历史背景

1.1.1 文化基因:中国传统文化与文人精神

中华历史源远流长，中华文明中含有丰富的民本思想和人本主义精神。商周时期“民为邦本、民为君本、民为神意”的思想已具雏形；“得民心者，得天下也”更是儒家经典的价值共识——孔子提倡“仁者爱人”“宽则得众”的仁政观念，孟子推崇“民为贵，社稷次之，君为轻”的民贵君轻思想，荀子昌明“君舟民水”“水可以载舟，亦可以覆舟”的天下社稷理念，夏商周兴起“以德为先，礼主刑辅”的敬天保民思想，如《尚书》所记的“民可近，不可下”“皇天无亲，惟德是辅”“怀保小民”等思想，奠定了中华文明的政治传统。儒学是中华民族延续的基因和凝聚的精神纽带，其基本的价值理念影响着历朝历代，促生了许多利民政策。孔子主张“为政以德”，他在治国方略中提出大量富民的思想主张，如“博施于民而能济众”“足食，足兵，民信之矣”“节用而爱人”，建议统治者在经济上要重民生。孟子提出“民为贵，社稷次之”“国人皆曰贤，然后用之”，即指民本重于国本，告诫君王在政治上要注重民意。这些中国远古时代部落管理者的经验传承，以及古代思想家、教育家重民本的价值倡导和具有人本色彩的中华思想核心，成为中华文化的基因，进入中华文化的血脉，不论社会制度如何变动，中华文化血脉一直延续，成为中国政治文化的基本底色，是当代中国提出和实现“以人民为中心”的重要传统文化资源。

1.1.2 价值脉络:中国共产党执政的根本宗旨

中国共产党初心不改、矢志不渝，始终代表着中国人民最根本的利益，[①] 始终关注中国人民历史命运，为实现中华民族伟大复兴的历史使命而不断奋斗。习近平总书记强调：“人民立场是党的根本政治立场，全心全意为人民服务是党的根本宗旨。”[②]以人民为中心的发展思想的精神实质，体现了中国共产党的根本政治立场和一以贯之的根本宗旨。毛泽东从人民的立场指出中国革命的性质、对象、任务以及动力，提出了“为人民服务”的思想。邓小平基于对人民生存状况的关怀，要求不断解放和发展生产力，他强调“社会主义现代化建设是我们当前最大的政治，因为它代表着人民的最大的利益、最根本的利益”[③]。邓小平进一步丰富了“为人民服务”的内涵，将人民的利益和意愿作为衡量工作的重要标准。江泽民以“三个代表”回答了建设什么样的党、怎样建设党的基本问题，将中国共产党牢牢地与人民群众联系在一起。[④] 胡锦涛提出以“以人为本”为核心的科学发展观，强调经济社会和人的全面发展。习近平总书记强调要“坚持人民主体地位”，提出“以人民为中心”的发展思想，在“以人为本”的基础上进一步阐述与开发，回答了以什么人为本、如何以之为本的问题，彰显了人民在发展中至高无上的价值取向。

---

① 《习近平在中国共产党第十九次全国代表大会上的报告》，http://cpc.people.com.cn/n1/2017/1028/c64094-29613660.html。

② 习近平:《在纪念朱德同志诞辰 130 周年座谈会上的讲话》,《人民日报》2016 年 11 月 30 日,第 2 版。

③ 《邓小平文选》第 2 卷,人民出版社 1994 年版,第 163 页。

④ 江泽民:《江泽民在庆祝中国共产党成立八十周年大会上的讲话(学习读本)》,人民日报出版社 2001 年版,第 103 页。

从本质上看，全心全意为人民服务，是中国共产党一切行动的根本出发点和落脚点，是区别于其他一切政党的根本标志，中国共产党的宗旨与人民性是一致的、统一的。

1.1.3 经验借鉴:西方福利思想的发展比较

生产力的高度发展和物质财富的极大丰富是人全面自由的基础保障。然而中国历史上因种种原因，资本生产方式未能发育，直至近代资本主义国家入侵才输入资本文明，并产生了民族资本主义。经过改革开放 40 多年的发展，我国社会生产力水平总体上显著提高，但行业间、地区间发展不平衡不充分的问题依然存在。社会建设领域也存在不少问题，如城乡区域发展和收入分配差距依然较大，社会文明水平尚需提高，社会矛盾和问题交织叠加，等等。人民美好生活需要日益广泛，不仅对物质文化生活提出了更高要求，而且在民主、法治、公平、正义、安全、环境等方面的要求也日益增长。中国共产党积极汲取一切可为我所用的人类文明成果，包括引进国外的先进技术和设备、经营管理经验、西方经济学中的经济发展理论，以及借鉴可持续发展、推进信息化建设等发展理念。21 世纪，经济全球化以空前的速度推进，中国共产党在交流互动中学习积累经验、摸索发展规律，创造了中国特色社会主义市场经济，并注重人在发展中的地位与作用，“以人为本”，坚持以人民为中心是中国共产党一以贯之的执政思想。

1.2 我国民生思想的理论内涵

1.2.1 以人民为中心,满足人民群众对美好生活的向往

习近平民生思想始终坚持以人民为中心，顺应人民群众对美好生活的向往，努力实现好维护好发展好最广大人民的根本利益。民生问题是当前最大的政治问题。在浙江工作期间，“让人民群众过上更好的生活”一直是习近平同志锲而不舍、孜孜不倦的选择和追求。他指出：“全心全意为人民服务

是我们党的根本宗旨，千方百计为人民谋利益是我们党一切工作的出发点和落脚点。党和政府的所有工作都属于为民办实事范畴。”他突出强调了宗旨意识，深刻揭示作风建设与群众工作之间的关系，一语中的地指出作风问题的实质是宗旨问题，亲自倡导“三个跑遍”“变群众上访为领导下访”等有效做法，做出“现代化建设不能留盲区死角，实现全面小康一个乡镇也不能掉队”的庄严承诺。在他的亲自推动下，浙江聚焦民生热点难点问题持续发力，让人民群众收入更高、住得更宽敞、出行更便捷，享受到更好的教育、医疗、社会保障，吃上更放心的食品，喝上更干净的水，呼吸上更清新的空气，让群众有更多的获得感和幸福感。

党的十八大以来，习近平总书记多次强调：“人民对美好生活的向往，就是我们的奋斗目标。”这一庄严承诺，既是我们党全心全意为人民服务的根本宗旨一脉相承、一以贯之的体现，也突出反映了民生问题在习近平总书记心中的位置，成为党的十八大以来党中央执政为民的一面鲜亮旗帜。习近平总书记在党的十八届五中全会上首次提出的以人民为中心的发展思想，是对“以人为本”“促进人的全面发展”理念的继承和发展，进一步回答了发展为了什么、发展成果由谁享有这一发展的根本问题，彰显了人民至上的价值取向。党的十八大以来我们党领导人民全面建成小康社会、进行改革开放和社会主义现代化建设的根本目的，就是要通过发展社会生产力，不断提高人民物质文化生活水平，促进人的全面发展。以习近平同志为核心的党中央在推进中国梦的实践中，更加注重顺应百姓对美好生活的新期待，把保障和改善民生工作紧紧抓在手上，发展各项社会事业，在统筹推进教育、收入分配、就业、社会保障、医疗卫生等各方面都做出深刻论述和全面部署，带领人民创造幸福生活。

纵观习近平民生思想的发展脉络，“以人民为中心”这份初心和使命始终蕴含其中，鲜明体现了让人民过上幸福生活是社会主义社会的本质要求，增进民生福祉是我们党立党为公、执政为民的使命所在。

1.2.2 以经济为保障，推动经济与民生建设的和谐发展

生产力发展是一个社会发展的最终决定力量，同时也是改善民生的根本

保障。习近平同志在浙江工作期间把发展作为解决民生问题的基本途径，既通过发展经济为持续改善民生奠定坚实的物质基础，又通过持续不断地改善民生为经济创造更多的有效需求。在他的亲自谋划下，浙江以“八八战略”为总抓手，开启了进一步改善民生、实现省域内共享发展的顶层设计和系统谋划。“八八战略”处处体现了经济发展与民生建设的辩证统一关系。比如，从加快推进城乡一体化入手，重在让城乡居民共享美好生活；从创建“生态省”、打造“绿色浙江”入手，确保百姓享有宜居的生态环境；从努力使海洋经济和欠发达地区的发展成为浙江经济的新增长点入手，着力改善欠发达地区群众的生产生活水平；等等。

党的十八大以来，习近平总书记进一步指出，“实现社会公平正义是由多种因素决定的，最主要的还是经济社会发展水平”，“我国现阶段存在的有违公平正义的现象，许多是发展中的问题，是能够通过不断发展，通过制度安排、法律规范、政策支持加以解决的”。“蛋糕”不断做大了，同时还要把“蛋糕”分好。高质量发展就是要更好地满足人民对美好生活的需要。要紧扣社会主要矛盾变化，善于从民生需求中发掘培育新的经济增长点和支撑点。这标志着我们党对于发展和民生的关系的认识与理解达到了新的境界。

前后贯通起来看，习近平同志在科学处理发展与民生关系上，始终坚持把增进人民福祉、促进人的全面发展、朝着共同富裕方向稳步前进作为经济发展的出发点和落脚点，促进经济发展和民生改善的良性互动、实现经济发展和民生改善的良性循环，始终贯穿着发展为了人民这一马克思主义政治经济学的根本立场。

1.2.3 以改革为动力，转变体制创新机制，改善民生保障

民生问题的解决离不开体制机制的不断创新，群众所盼正是改革所向。在习近平同志在浙江工作期间的亲自推动下，浙江在全国率先建立为民办实事的长效机制，比较系统地提出了涵盖就业再就业、社会保障、医疗卫生等十大重点领域的实事内容。每条都关系着普通群众的切身利益，每项都有明确的量化目标，并通过民情反映机制、民主决策机制、责任落实机制、投入保障机制、督查考评机制等一系列工作机制，尊重民意、科学决策，实事实办、注

重实效，保证为民办实事工作的规范化和制度化。10多年来，浙江坚持一张蓝图绘到底，不断健全完善为民办实事长效机制，先后出台了关于“全面改善民生，促进社会和谐”“推进‘两富’”“建设‘两美’”的一大批事关民生建设的政策文件，有力地推进了浙江民生事业的大幅发展。党的十八大以来，习近平总书记多次强调：“改革要从群众最期盼的领域改起。”“从群众最期盼的领域改起”，这无疑是对“改革为了什么、改革实现什么”做出的最有力的回答；“从群众最期盼的领域改起”，也彰显了以习近平同志为核心的党中央的务实作风和践行群众路线的率先垂范。党的十八届三中全会把推进民生领域改革作为全面深化改革的重点，提出加快推进健全就业创业体制机制、深化教育体制改革、深化收入分配制度改革、建立更加公平可持续的社会保障制度、深化医药卫生体制改革等重点任务，以改革推进民生改善逐步成为全党全社会的共识。不断出台改善民生的实招，让一系列惠民生的改革措施落地生根，给人民群众带来满满的获得感。

追根溯源，习近平同志在浙江工作期间关于民生的探索实践与党的十八大以来形成的习近平民生思想都注重在体制机制、制度政策上系统谋划，对推进社会领域改革做出总体部署和安排，契合了人民对改革的新期待和对美好生活的新追求，赢得了人民群众的普遍赞誉和信任。

1.2.4 以建设为抓手，突出普惠性基础性重点民生工程

医疗、教育、收入分配、社会保障等现实问题是人民群众最关心最急盼的民生问题。习近平同志在浙江工作期间坚持整体论和重点论，注重普惠性基础性的民生建设，从人民群众最关心最急盼的医疗、教育、收入分配、社会保障等现实问题入手，让改革发展成果更多更公平地惠及全体人民。他强调“教育是民生之基”，把教育摆在优先发展的战略地位，推进实施“教育强省”战略，对教育工作做出一系列重大决策部署，有力地促进浙江教育事业的发展；他强调“就业是民生之本”，致力于提高就业质量和人民收入水平，把实施积极的就业政策摆在更加突出的位置，把帮助困难群众解决好就业等基本民生问题作为党和政府义不容辞的责任；他高度重视并亲自推动浙江在全国率先初步建立了覆盖城乡、人人享有、功能完善、多层次的社会保障体系，

基本建立了覆盖城乡的就业再就业、社会保险和社会救助三位一体的“大社保”体系；他始终把建设卫生强省、体育强省，提高人民健康水平摆到十分重要的战略地位，明确提出“没有全民健康，就没有全面小康”的发展理念，并实施了农民健康工程、公共卫生建设工程等一系列促进健康的建设工程，形成“大健康”思想的科学体系。

保障和改善民生没有终点只有新起点。党的十八大以来，习近平总书记多次就民生问题发表重要论述，指明了当前和今后一段时期民生工作的着力点，将广大人民群众凝聚到追求幸福中国的目标上来。在学有所教方面，强调“建设教育强国是中华民族伟大复兴的基础工程，必须把教育事业放在优先位置，加快教育现代化，办好人民满意的教育”，推动我国教育改革取得显著成就，教育事业迈上新台阶。在劳有所得方面，强调“就业是民生之本，解决就业问题根本要靠发展”，坚持实施就业优先战略和人才优先发展战略，把实施积极的就业政策摆在更加突出的位置，实现了比较充分和高质量的就业，保持了就业局势的总体稳定。在全民保障方面，强调“社会保障是民生安全网、社会稳定器，与人民幸福安康息息相关，关系国家长治久安”，“按照兜底线、织密网、建机制的要求，全面建成覆盖全民、城乡统筹、权责清晰、保障适度、可持续的多层次社会保障体系”。社会保障好不好，老百姓最能感知冷暖。党的十八大以来，社会保障制度更加公平可持续，在全面建成小康社会的道路上又迈出坚实步伐。在病有所医方面，强调“要把人民健康放在优先发展的战略地位，以普及健康生活、优化健康服务、完善健康保障、建设健康环境、发展健康产业为重点，加快推进健康中国建设，努力全方位、全周期保障人民健康”。实施“健康中国”战略，我国健康领域改革发展取得显著成就，人民健康水平和身体素质得以持续提高。

从“教育强省”到“教育强国”，从“就业是民生之本”到“就业优先战略”，从“建立城乡一体化社会保障体系”到“全面建成社会保障体系”，从“没有全民健康，就没有全面小康”到“实施健康中国战略”，习近平同志在浙江工作期间关于从群众最关心最急盼的重点问题入手，破题民生工作的科学方法论和人民情怀始终如一，也为习近平民生思想的形成和发展提供了重要的实践基础。

1.2.5 以求实为导向，坚持以科学精神务实态度服务民生

“量力”与“尽力”是一对辩证关系，只有尽力而为，才能在最大程度上保障群众利益；只有量力而行，才能保证民生改善的可持续性。习近平同志在浙江工作期间倡导建立的为民办实事长效机制的一条基本原则，就是从实际出发，循序渐进，远近结合，使民生改善始终与经济社会发展水平相协调，使需要与可能相匹配。在民生事业中，注重整合财力物力，分清轻重缓急，推进公共资源向以民生为重点的社会发展领域倾斜。

保障和改善民生，必须坚持实事求是的态度，既不能落后于时代，也不能超越现阶段。党的十八大以来，习近平同志反复强调，保障和改善民生要尽力而为、量力而行，不空口许诺、不超越阶段，使改善民生的工作具有可持续性。一方面，民生工作直接同老百姓见面、对账，承诺了的就一定要兑现，要做到件件有着落、事事有回音，让群众看到变化、得到实惠；另一方面，要坚持从实际出发，将收入提高建立在劳动生产率提高的基础上，将福利水平提高建立在经济和财力可持续增长的基础上。特别是当前，我国社会的主要矛盾已经转化为人民日益增长的美好生活需要和不平衡不充分的发展之间的矛盾。这对改善民生领域的工作提出了更高、全新的要求，但同时，我国仍处于并将长期处于社会主义初级阶段，改善民生不能脱离这个最大的实际提出过高目标，只能根据经济发展和财力状况逐步提高人民生活水平，做那些现实条件下可以做到的事情。决不能开空头支票，也要防止把胃口吊得过高，否则，结果只会适得其反。

习近平民生思想遵循了中国特色社会主义经济社会发展和民生改善本身的客观规律，注重把握好发挥主观能动性与遵循实事求是精神的统一，统筹兼顾长远利益和近期利益，从实践和制度层面很好地回答了社会主义初级阶段民生改善的基本问题，鲜明体现了中国共产党人实事求是的品格，是现阶段做好民生工作的基本遵循。

1.3 我国民生思想的理论根基

1.3.1 马克思主义的人本主义思想是理论渊源

马克思主义包含有丰富的人本主义思想，人本主义思想贯穿于马克思主义理论体系的思维脉络。马克思主义深切关注人类社会发展的命运，唯物史观中充分肯定人的主体地位，科学社会主义创造性地将人的发展与社会的发展统一起来，发展观始终渗透着、围绕着人的理论展开并为其提供科学论证。① 马克思说明共产主义社会是“在保证社会劳动生产力高度发展的同时，又保证人类最全面的发展”②。马克思主义将实现每一个个人全面而自由的发展作为人类社会发展所追求的最高价值目标，将自由人联合体的共产主义作为实现这一目标的理想社会制度形式，马克思描绘了社会的理想状态：“代替那存在着阶级和阶级对立的资产阶级旧社会的，将是这样一个联合体，在那里，每个人的自由发展是一切人的自由发展的条件。”③可见，马克思主义充分肯定人在社会历史发展中的主体地位和作用，实现人的全面发展既是创立科学社会主义学说的基本出发点，也是马克思主义的崇高目标、根本价值向度。

1.3.2 鲜明的本土化和民族化需求是理论特征

将马克思主义基本原理同中国的具体实际相结合，方能找到科学的发展道路。实现人的全面发展在中国的具体体现就是在发展的过程中做到以人民为中心，因而中国的以人民为中心发展思想必然带有鲜明的本土化和民族性特征。习近平总书记指出：“人民是推动发展的根本力量，必须坚持以人民

---

① 《马克思恩格斯选集》第1卷，人民出版社1995年版，第273页。

② 《马克思恩格斯选集》第1卷，人民出版社1995年版，第342页。

③ 《共产党宣言》第1卷，中央编译出版社1996年版，第230页。

为中心的发展思想，把增进人民福祉、促进人的全面发展作为发展的出发点和落脚点，发展人民民主，维护社会公平正义，保障人民平等参与、平等发展权利，充分调动人民积极性、主动性、创造性。”以人民为中心的发展思想切实将广大人民群众置于中国特色社会主义事业实践的主体地位，在实践中体现出对马克思主义唯物史观中人民群众是历史创造者这一原理的深刻认识和创造性运用。

1.3.3 中国共产党的执政理念与民生思想一脉相承

人民立场是中国共产党的根本政治立场。新时代新征程上，以习近平同志为核心的党中央坚持以人民为中心的发展思想，顺应人民群众对美好生活的向往，以保障和改善民生为重点，发展各项社会事业，加大收入分配调节力度，打赢脱贫攻坚战，保证人民平等参与、平等发展权利，使改革发展成果更多更公平地惠及全体人民，朝着实现全体人民共同富裕的目标稳步迈进，让人民有更多真正意义上的获得感。只有为人民而改革，改革才是有意义的；依靠人民而改革，改革才会有更大的动力。习近平总书记着重强调，必须以促进社会公平正义、增进人民福祉为全面深化改革的出发点和落脚点。“治天下也，必先公，公则天下平矣。”[①]让广大人民群众共享改革发展成果，是社会主义的本质要求，是社会主义制度优越性的集中体现，是我们党坚持全心全意为人民服务根本宗旨的重要体现。必须着眼于创造更加公平正义的社会环境，不断清除社会不公平现象，使改革发展成果更多更公平地惠及全体人民。[②]

1.3.4 中国的国情社情是民生理论的理性抉择

尊重人民群众的主体性地位是习近平总书记治国理政的核心理念。始终与人民心心相印、与人民同甘共苦、与人民团结奋斗，夙夜在公。“治国有

① 《吕氏春秋・贵公》。

② 习近平:《习近平谈治国理政》第 2 卷,外文出版社 2017 年版,第 42 页。

常，而利民为本。”①中华人民共和国成立以来，特别是改革开放以来，中国共产党始终立足本国国情，将以人民为中心的发展理念贯彻于行动之中，全心全意为人民服务。

1.4 我国民生思想的实践探索

1.4.1 在价值上的重要指导

习近平新时代中国特色社会主义思想，源自我们党对“三大规律”的认识不断深化，源自中国特色社会主义的伟大实践，源自习近平总书记巨大的理论勇气、卓越的政治智慧、非凡的洞察能力。这一思想具有鲜明的继承性、创新性、时代性、指导性，是当前和今后一个时期我们党做好一切工作的根本指南。博大精深的习近平民生思想对民政工作具有极其重要的指导作用，坚持以人民为中心的发展思想，为正确确立民政工作的宗旨、理念提供了根本遵循；坚持把保障和改善民生作为发展的根本目的，为民政事业改革发展提供了有力保证；坚持社会政策要托底的基本定位和坚守底线，突出重点、完善制度、引导预期，为民政工作提供了基本工作原则；坚持对困难群众格外关注、格外关爱、格外关心，为民政工作标明了重心。

1.4.2 在思想上的重要影响

新时代是我国发展新的历史方位，标志着当前和今后一个时期我国发展处于新起点、新征程、新阶段，党的十九大对此提出了新目标，做出了新部署，制定了新举措，为做好新时代民政工作提供了根本遵循。在总体思路上，我们要以习近平新时代中国特色社会主义思想为指导，以适应人民群众对美好生活的向往为目标，以高质量发展为要求，以全面深化改革为动力，按照统筹区域和城乡、既尽力而为又量力而行的要求，科学谋划部署推进民政

① 《淮南子·氾论训》。

事业改革发展，实现基本民生保障能力明显增强，相关社会治理水平显著提高，服务国防和军队建设更加有力，提供专项社会服务更加高效。

1.4.3 在行动上的重要遵循

深入学习习近平民生思想的理论实质和精神内涵，深入研究民政工作在新时代的机遇挑战、定位使命、重大任务，努力做到在民生兜底保障上有新进展，在发展老龄事业和社会养老服务上有新突破，在推进基层政权和社区治理创新上有新提升，在退役士兵安置、优待抚恤、双拥工作上有新气象，在社会组织管理服务和发挥社会组织作用上有新成效，在社会福利和慈善事业及专项社会事务管理服务上有新提高，在加强民政基层工作和基础工作上有新进步，在全面从严治党上有新面貌，让党的十九大精神在全国民政系统落地生根、开花结果，在习近平新时代中国特色社会主义思想指引下开创民政事业改革发展新局面。

2 新时代中国特色社会主义思想在浙江的萌发及实践

民生问题事关人民群众的切身利益，关系到社会和谐稳定、国家长治久安，决定人心向背。 党的十八大以来，以习近平同志为核心的党中央坚持以人民为中心的发展思想，顺应人民群众对美好生活的向往，把增进人民福祉、促进人的全面发展作为一切工作的出发点和落脚点，从人民群众最关心最直接最现实的利益问题入手，统筹做好教育、就业、收入分配、社会保障、医疗卫生等各领域民生工作，不断提高人民生活水平。 习近平同志在浙江工作期间，以对这片土地最深的爱和对人民最浓的情，明确做出了一系列事关民生建设的重要论述和决策部署，有效解决了一大批涉及就业创业、社会保障、医疗卫生、基础设施、城乡住房、生态环境、扶贫开发、科教文化、权益保障等民生实事，领导和推动了浙江各项民生事业蓬勃发展，极大地增强了人民群众的获得感、幸福感。 从“以人为本、民生为重”到以人民为中心的发展思想，习近平同志在浙江工作期间关于民生的探索和实践，为习近平民生思想的形成提供了重要的理论和实践基础。

2.1 浙江民生建设的特色与内涵

群众利益无小事，民生工作大于天。 民生工作离老百姓最近，同老百姓生活最密切。习近平同志在浙江工作期间，着眼于“为了让人民群众过上更好的生活”，对改善和发展民生做出了一系列战略性的整体部署，开展了一系列具有前瞻性的理论探索。他在省域层面对中国特色社会主义民生建设的思考和探索，充分吸收了中国优秀传统民生思想的精华，鲜明体现了马克思主义民生理论的要义，具有丰富的精神内涵和实践价值。

2.1.1 在价值立场上,“以人为本”“民生为重”

习近平同志在浙江工作期间对民生建设的重要论述，将“以人为本”的理念贯穿始终，体现了不忘初心、执政为民的民生情怀。他强调，要“始终坚持发展为了人民、发展依靠人民、发展成果由人民共享，使经济社会发展的成果惠及全体人民”，要“始终牢记，心系群众鱼得水，背离群众树断根”。他指出，“群众的一桩桩‘小事’，是构成国家、集体‘大事’的‘细胞’，小的‘细胞’健康，大的‘肌体’才会充满生机与活力”。

习近平同志在浙江工作期间，重视弘扬中华优秀传统文化和中国共产党优良传统，激励干部在民生方面履行使命，当好公仆。他指出：“每一个领导干部都要拎着‘乌纱帽’为民干事，而不能捂着‘乌纱帽’为己做‘官’。”“‘乌纱帽’再大，也大不过人民的生命财产安全和群众的切身利益。”在“之江新语”专栏发表的《心无百姓莫为“官”》一文中，他饱含深情地引用了郑板桥、范仲淹、杜甫、于谦等人重视民生的诗句，说明心无百姓莫为“官”；在《领导干部必须做到“守土有责”》一文中，习近平同志生动引述刘邦《大风歌》中“守土”的含义、明成祖“天子守国门”的使命，以及清代守钱塘大堤的塘官在发生决堤事故时“不等皇帝来找他算账，他就跳塘自尽”的事例，阐述了为官者的民生责任重大。他还经常引用“当官不为民做主，不如回家卖红薯”“圣人无常心，以百姓之心为心”“德莫高于爱民，行莫贱于害民”等古语，强调要“像领导干部的好榜样焦裕禄、孔繁森、郑培民等英模人物那样，做一个亲民爱民的公仆”。

2.1.2 在工作定位上,“把解决民生问题放在一切工作的首位”

“共产党人的政绩，就是做得人心、暖人心、稳人心的好事实事，就是解决群众最关心、最迫切需要解决的问题，就是全面建设小康社会，促进人的全面发展。”习近平总书记强调：“各级领导干部要增强宗旨意识，在任何时候任何情况下，都要坚持把最广大人民的根本利益放在首位，时刻把人民群众的安危冷暖挂在心上，多为群众办实事、办好事，凡是为民造福的事情就一定要办好，凡是损害群众利益的事情就坚决不能办。”他把民生工作作为践行党的群众路线的重大问题，明确要求干部“凡事想着群众，工作依靠群众，一切为了群众”，“要破除‘官本位’思想，克服和纠正那种‘当官做老爷’的封建习气”，“尽心尽力地为群众出主意、想办法、谋利益”。

习近平同志深刻阐述了领导干部“关注民生”和“对上级负责”的辩证统一关系。他指出：“所谓对下负责，就是对人民群众负责。对各级领导干部来说，对上负责与对下负责从来都是统一的、不可分割的，对党负责，就是对人民负责；对人民负责，就是对党负责。”“如果在贯彻落实上级精神时，在体现基层和群众的愿望时，只是依样画葫芦，不善于上下结合，其结果必然是貌似‘负责’，实乃敷衍塞责。”在浙江工作期间，习近平同志身体力行，把解决民生问题放在一切工作的首位，着力解决人民群众反映强烈的突出问题，始终把人民放在最高的位置。

2.1.3 在工作路径上，“民有所呼，我有所应”

习近平同志鲜明地指出，要“把群众的安危冷暖时刻放在心上”，“多为群众办实事、办好事”，“民有所呼，我有所应”，“最实在的事就是要着力解决民生问题，特别是关心困难群体，多做、大做‘雪中送炭’的事，多搞一些直接造福于民的‘满意工程’‘民心工程’，切实把老百姓家门口的事情办好”。

在浙江工作期间，他强调“为民办实事，一定要办在点子上，关键是要用心听民声、以情察民意”，“为民办实事对象是‘民’，要把群众的呼声作为第一信号，问需于民、问计于民、问情于民，掌握民情、分析民意，民主决策、科学安排，落实好为民办实事项目，做到让人民群众参与、让人民群众做主、让人民群众受益、让人民群众满意，真正使群众成为利益的主体”。他提出：“当县委书记一定要跑遍所有的村，当地（市）委书记，一定要跑遍所有的乡镇，当省委书记应该跑遍所有的县市区。”而一切实践，正是遵循此而行。习近平同志接任省委书记，9 个月时间就跑了 69 个县（市、区）。他积极带头并倡导各级领导干部畅通民情反映渠道，及时了解和掌握群众的诉求和愿望，提出“要进一步加强公开电话、投诉电话、民情热线管理和市民电子信箱建设，畅通信访渠道；进一步发挥人大代表、政协委员、群团社团组织和大众传媒沟通群众、反映民意的作用；进一步利用互联网构建了解民情民意的网络平台”，通过扩大和疏通民情反映渠道，增强解决民生问题的针对性。在习近平同志的倡导下，浙江 4 套领导班子主要领导，连续 4 年分别到 42 个信访问题比较突出、社会矛盾比较集中的县、市、区，采取公告的形式下访，有效解决了一大批信访事件。

2.1.4 在工作方式上，“狠抓落实”“善于同群众说话”

习近平同志一再强调，“为民办实事成于务实”，“为民办实事不能停留在口号和一般要求上，必须具体地、深入地落实到关心群众生产生活的实际工作中去”。他要求“各级领导干部要发挥密切联系群众的优良作用，尽快从文山会海中解脱出来，从繁杂的应酬中摆脱出来，到最困难的地方去，到群众意见多的地方去，到工作推不开的地方去，同那里的干部和群众一道，努力排忧解难，多办实事，切实把关心群众的工作做深做细”。“要大力弘扬求真务实的精神，积极探索并掌握为民办实事的规律，坚持具体抓、抓具体，抓住不放，一抓到底。”

只有“听得懂”群众的声音，“讲得好”群众的话语，民生工作才能做到群众心坎里。习近平同志重视干部与群众说话的能力，明确要求干部“放下架子”“做好样子”。他指出，“有少数干部不会同群众说话，在群众面前处于失语状态。其实，语言的背后是感情、是思想、是知识、是素质。不会说话是表象，本质还是严重疏离群众”，“只有在平时多做过细的群众工作，才能真正取得群众的认同和信任”。

2.1.5 在机制保障上，建立“为民办实事长效机制”

习近平同志在浙江工作期间关于民生的部署，始终体现了在“实效”中求“长效”的理念。他指出：“制度是带有根本性的。要使为民办实事工作长期坚持下去并不断深化提高，关键在于把制度建设贯穿到实事项目选择、决策、实施和督查考核等各个环节，形成一整套比较完善的工作运行机制。”在他的主持下，2004 年，浙江省委、省政府制定出台了《关于建立健全为民办实事长效机制的若干意见》，从建章立制入手加强和改进为民办实事工作，在全国率先建立为民办实事长效机制。

习近平同志指出，为民办实事要反对急功近利的“形象工程”，鼓励做更多铺垫性的长期工作，正确对待“潜绩”与“显绩”的关系。他列举河南林县的红旗渠和福建东山县防护林建设的具体事例，阐述只有多做埋头苦干的实事，创造泽被后人的“潜绩”，才能在老百姓心中树起不朽的丰碑。他提出，要让群众来评判为民办实事工作的成效，要求党员干部正确处理好为民办实事过程中人民群众短期利益与长期利益、局部利益与全局利益等关系问题，量力而行，尽力而为，把以人为本理念真正落到实处。

2.2 我国民生工作的重要论述和决策部署在浙江的实践成效

这些年来，历届浙江省委、省政府认真贯彻中央精神，秉承习近平同志在浙江工作期间关于民生建设的重大部署，一张蓝图绘到底、一任接着一任干，认真做好各项民生工作，让改革发展成果更多更公平地惠及全体人民，城乡居民生活水平不断提高，人民群众获得感、满意度不断增强。

2.2.1 统筹兼顾、协调推进，经济与民生实现良性循环

10 多年来，浙江始终坚持把改善民生与经济增长置于同等重要的位置，努力构建民生建设与经济发展良性互动、良性循环机制。最重要的经验就是坚持民生政策、社会政策与经济政策的统一，把制定完善的民生保障政策与化解经济发展中的社会矛盾，作为发展经济、提高执政能力建设的一个重要方面来把握。建立被征地农民的社会保障制度，建立覆盖城乡的新型社会救助体系，健全“大社保体系”；制定均衡公共教育政策，为每位社会成员提供平等的发展机会；完善住房保障制度，努力实现“住者有其屋”；推进收入分

配制度改革，努力实现社会公正；实行更加积极的就业政策，保障民生，保障农民工社会权利，促进社会整体向上垂直流动；注重均衡协调发展，推动社会发展与经济发展相对均衡，乡村发展与城市发展相对均衡，人与自然发展相对均衡。在经济发展领先全国的同时，浙江民生建设水平也居全国前列。2017年，浙江居民人均可支配收入42046元，是全国平均水平25974元的1.62倍，居全国各省（区）第一位；浙江城镇常住居民人均可支配收入51261元，是全国平均水平36396元的1.41倍，连续17年居全国各省（区）第一位；农村常住居民人均可支配收入24956元，是全国平均水平13432元的1.86倍，连续33年居全国各省（区）第一位。

2.2.2 重在坚持、贵在长效，民生建设体制机制持续完善

2004年，在习近平同志指导和推动下，浙江在全国率先建立了为民办实事长效机制，确定了就业再就业、社会保障、医疗卫生、基础设施、城乡住房、生态环境、扶贫开发、科教文化、权益保障、社会稳定等为民办实事十大重点工作领域，建立了民情反映、民主决策、责任落实、投入保障和督查考评等五大工作机制。2005年以来，浙江坚持每年办好十件实事好事，重点解决与群众生产生活密切相关的民生问题，找准了为民办实事长效机制建设切入口。同时，建立民生实事督查考评机制，完成情况次年向省人代会汇报，并作为对各级领导干部政绩考核、人大对政府部门工作评议的重要内容，确保十件实事的承诺兑现。2007年，浙江省民情民意调查数据显示，2006年承诺的为民办“十件实事”件件都有着落，而且各项“民生指数”多是超额完成，群众对十大方面实事的满意度达88.8%。10多年来，浙江省委、省政府在为民办实事上以“功成不必在我”的境界，一任接着一任干，一块一块补短板。2008年4月，浙江省委十二届三次全会《关于全面改善民生促进社会和谐的决定》提出改善民生十大方面50条具体措施，为民办实事长效机制建设向纵深推进。同年7月，浙江启动了全国首个《基本公共服务均等化行动计划（2008—2012）》。2012年，制定出台了《关于认真学习贯彻党的十八大精神　扎实推进物质富裕精神富有现代化浙江建设的决定》。2014年，制定出台了《关于建设美丽浙江创造美好生活的决定》，努力给人民群众在“富”的

身上添加“美”的衣裳。在全省上下的共同努力下，浙江民生事业发展取得了新进展，呈现了新亮点，城乡居民更是得到了更多看得见、摸得着的民生福祉。2015 年，26 个欠发达县集体“摘帽”，家庭人均年收入 4600 元以下贫困现象全面消除，确保改善民生“一个都不能少”。

2.2.3 加大投入、强化支撑，民生保障体系更加完善

在浙江工作期间，习近平同志要求，“公共财政”要努力在最大程度上惠及浙江百姓，向“民生财政”转变。“十一五”之初，浙江在全国率先提出“公共财政”向“民生财政”转变的思路。2006 年开始，浙江不断加大民生投入，通过大幅减少“三公”经费，确保将新增财力的 2/3 以上用于改善民生。当年，浙江全省和省级新增财力用于民生方面的支出分别达到 72%和 73%。2008 年，尽管受到国际金融危机的冲击，民生投入不因发展压力而动摇，新增财力用于民生的比例依然达 72.2%。“十二五”期间，浙江全省 11 个地级市、54 个县民生支出总量不断攀升，年均增长 15.14%，远高于同期 GDP 增长水平。在有力的财政投入的保障下，浙江民生保障体系不断健全。全民医保有序推进，社会救助体系不断健全，城乡最低生活保障制度不断完善，红十字和慈善事业加快发展，残疾人社会保障和服务体系更加健全，少年儿童特别是农村留守儿童和困境儿童关心关爱服务体系更加完善。扩大参保人群，提高保障水平，覆盖城乡的社会保障体系不断深化。2009 年，出台《关于建立城乡居民社会养老保险制度的实施意见》，在全国率先实施城乡居民社会养老保险制度。2014 年，出台《关于进一步完善城乡居民基本养老保险制度的意见》。2017 年底，社会保障卡持卡人数达到 5251 万人，持卡人数覆盖常住人口的 92.82%。2017 年，全年各项社会保险基金收入合计 4675.45 亿元。不断提高最低月工资标准，从 2017 年 12 月 1 日起，浙江省最低月工资标准调整为 2010 元、1800 元、1660 元、1500 元四档。全力保障劳动者权益，“十一五”期间，浙江在全国率先建立工资支付保证金、欠薪应急财政周转金、农民工记工考勤卡、网格化管理、劳动保障诚信建设等 5 项制度。2012 年，“劳动关系和谐指数”被纳入“平安浙江”考核内容。2015 年，出台《关于进一步构建和谐劳动关系的实施意见》，依法维护职工合法权

益。2016年，实施《浙江省劳动人事争议调解仲裁条例》，这是全国首部劳动人事争议调解仲裁地方性法规。

2.2.4 抓住重点、久久为功，民生事业发展水平全面提升

10多年来，浙江以推进教育、就业、医疗等人民群众普遍关注的民生事业为重点，在幼有所育、学有所教、劳有所得、病有所医、老有所养、住有所居、弱有所扶上不断取得新进展。坚持优先发展教育事业，努力实现教育现代化。习近平同志在浙江工作期间，大力推进教育强省建设，浙江率先在全国各省区中基本普及从学前3年到高中段的15年教育，高等教育从精英教育迈入大众化教育阶段，职业教育和成人教育迅速发展。推进义务教育发展，2015年，浙江90个县（市、区）全部通过国家义务教育基本均衡县评估，超过全国义务教育平均水平。优化高等教育体制，积极对接国家“双一流”建设决策部署，2014年以来相继实施省重点高校建设计划、省一流学科建设计划、省重点暨优质高职院校遴选。优化中职教育结构，实施“六项行动计划”，走出了一条具有浙江特色的职业教育内涵发展道路。积极发展民办教育，出台《关于鼓励社会力量兴办教育促进民办教育健康发展的实施意见》，推动构建新的民办教育发展政策体系，浙江被确立为全国唯一民办教育综合改革试点省份。坚持就业优先战略，就业创业环境不断改善。专门出台《关于进一步完善就业政策促进困难人员就业再就业的通知》。“十一五”期间，浙江初步形成就业政策体系，不断健全市场就业机制，基本建立职业技能培训制度。2017年，城镇登记失业率降至2.73%，低于全国平均水平。高校毕业生初次就业率连续5年超过95.5%，位居全国前列。坚持深化医疗卫生和体育改革，有效贯彻健康中国战略。2005年，浙江全面部署卫生强省建设，实施小康健身工程，推进体育强省建设。10多年来，浙江把健康作为经济社会政策的重要目标，大卫生理念深入人心，大健康格局逐步形成。在全国最早提出并组织实施了公共卫生“五大体系”建设，率先完成疾病预防控制和卫生监督体制改革。率先打响农村“厕所革命”攻坚战，全面普及农村“三格式、无害化”户厕。加大投入，率先建立了新型农村合作医疗等按人均投入的补偿机制，“十二五”时期全省财政医疗卫生累计支出1800多亿

元。持续推进“小康健身工程”，2017年，全省共有体育场地143512个，场地面积为1亿多平方米，老百姓健身意识不断增强，全省经常参加体育锻炼人数比例达到38.1%，国民体质合格率为92.2%。2016年，浙江人均预期寿命达到78.4岁，位居全国各省（区）之首，人群主要健康指标超过中高收入国家水平。

2.3 奋力谱写浙江民生事业发展新篇章

当前和今后一个时期，浙江将深入学习贯彻习近平民生思想，始终坚持以人民为中心，以抓住人民最关心最直接最现实的利益问题为突破口，以健全完善为民办实事长效机制为保障，统筹做好教育、就业、收入分配、社会保障、医疗卫生等方面工作，全力打造好民生网、服务网、平安网，努力使广大人民群众的获得感、幸福感、安全感更加充实、更有保障、更可持续，使高水平全面建成小康社会得到人民认可、经得起历史检验。

2.3.1 推进富民惠民安民行动

浙江省委十四届二次全会提出，全面实施富民强省十大行动计划，努力在解决发展不平衡不充分问题、满足人民日益增长的美好生活需要上取得新成效。2018年5月，浙江省政府印发了富民惠民安民行动计划（健康篇、教育篇、就业社保篇）。“健康篇”提出，要坚持新时期卫生与健康工作方针，以增进人民健康福祉为目标，以高质量发展为要求，以“补短板、破难题、强联动”为工作导向，深入实施健康优先发展战略，深化健康领域供给侧结构性改革，更加注重预防为主和健康促进，更加注重资源整合和结构优化，更加注重提高服务质量和治理能力，打造现代化健康服务体系，高水平建设健康浙江，为人民群众提供全方位全周期健康服务，为全省“两个高水平”建设提供坚实的健康保障。同时明确了高水平建设健康浙江的主要目标，到2022年，基本建成标准化、智慧化、品质化、人文化的高质量、高水平浙江特色健康服务体系，让人民享受更科学普及的全民健身服务、更安全放心的食品药品、更高水平的全生命周期医疗卫生服务和更优质多元的养老服务，健康素养持续提高，国民体质不断增强，生活品质显著提升，人群主要健康指标达到高收入国家水平。“教育篇”提出，要坚持优先发展教育，全面贯彻党的教育方针，落实立德树人的根本任务，发展素质教育，推进教育公平，深化教育改革，加快实施教育现代化战略和高等教育强省战略，全力打造浙江品牌、中国特色、世界水平的现代教育体系，办好人民满意的教育，满足人民群众对更好教育的需求，推动浙江教育事业再上新台阶。其主要目标是，到2020年，高水平实现教育基本现代化，教育总体发展水平达到发达国家平均水平；到2022年，高水平实现教育现代化，50%以上县（市、区）创建为全国义务教育优质均衡县，高等教育毛入学率超过65%，基本建成高等教育强省。“就业社保篇”提出，要紧扣社会主要矛盾的变化，把增进民生福祉作为发展的根本目标，从就业社会保障领域发展急需、群众关切的问题入手，坚持经济可持续、财力可支撑，抓重点、补短板、强弱项，加快补齐民生短板，促进人的全面发展，在劳有所得、病有所医、老有所养、弱有所扶上不断取得新进展，努力在高质量保障和改善民生上树立浙江样本。其主要目标是，实施高质量就业促进工程、更可靠社会保障提升工程，着力建设高质量民生保障网，到2020年，更高质量和更充分就业基本实现，覆盖全民、更公平更可持续的社会保障体系基本形成；到2022年，就业创业公共服务全面跃升，社会保障能力和可持续性明显增强，人民群众的保障更加充分。

2.3.2 实施教育现代化战略和高等教育强省战略

浙江省把教育作为民族振兴的基础性工程，落实立德树人根本任务，加快教育现代化，努力让每个孩子都能享有公平而有质量的教育，办好人民满意的教育。推动城乡义务教育一体化发展，提升学前教育水平，高质量普及15年基础教育，办好特殊教育和网络教育、继续教育，加快建设学习型社会。以超常规举措实施高等教育强省战略，持续增加高等教育经费投入，大力支持“双一流”建设高校和学科发展，加大力度实施省重点高校建设计划，力争在5年内引进20所左右著名高校开展合作办学，推动高等教育实现跨越式发展。提升中职教育质量，发展高职教育，实施产教融合发展工程。深化教育领域综合改革和高考招生制度改革，支持和规范社会力量兴办教育。加强教师队伍建设。

2.3.3 高水平建设健康浙江

浙江省把健康融入所有政策，为人民群众提供全方位全周期健康服务，促进居民预期寿命进一步延长。坚持医保、医疗、医药、医院、中医、医生“六医”统筹，实施医疗卫生服务优化工程，加快县域医共体建设，发展智慧医疗健康服务，健全基层医疗卫生服务体系和分级诊疗体系，加强医疗质量安全体系和公共卫生体系建设，传承发展中医药事业，加强全科医生队伍建设，深入开展爱国卫生运动。促进生育政策和相关经济社会政策配套衔接，加强妇幼保健工作，健全儿童医疗服务体系。深入实施全民健身工程，推动全民健身与全民健康深度融合。全面实施食品药品安全战略，健全从田园到餐桌的最严密食品安全链，保障舌尖上的安全。积极应对人口老龄化，构建养老、孝老、敬老政策体系和社会环境，深化医养护一体化改革，推进长期护理保险制度全覆盖，提升养老服务质量。

2.3.4 提升就业质量和社会保障水平

浙江省坚持就业优先战略和积极就业政策，加强全方位公共就业服务，开展大规模技能培训，鼓励创业带动就业，实现更高质量和更充分就业，构建和谐劳动关系。健全多缴多得、长缴多得的养老保险体系，促进养老保险制度持续健康运行；加快统一设区市职工基本医保制度和城乡居民医保制度，提升大病保险保障水平；完善失业、工伤保险制度。建立统一的社会保险公共服务平台。完善社会救助、社会福利、公益慈善事业、优抚安置制度，发展红十字事业，加强妇女儿童权益保障。加强残疾预防和康复服务，发展残疾人事业。加快建立多主体供给、多渠道保障、租购并举的住房制度，因城施策促进房地产市场平稳健康发展。

2.3.5 打好低收入百姓增收攻坚战

浙江省坚持在经济增长的同时实现居民收入同步增长，在劳动生产率提高的同时实现劳动报酬同步提高，促进收入分配更合理、更有序。巩固“消除家庭人均年收入 4600 元以下贫困现象”成果。深入实施低收入农户、低收入产业工人收入倍增计划，确保低收入百姓收入增长快于城乡居民收入平均增幅。坚持精准帮扶，整合帮扶资源，创新帮扶方式，拓宽居民劳动收入和财产性收入渠道，增强低收入百姓自我发展能力。加大力度扶持原 26 个集体“摘帽”欠发达县加快发展，同步实现“两个高水平”。

民生所指，国运所系；民心所向，政之所行。习近平同志在浙江工作期间有关民生工作的重要思想观点和丰富实践探索，已经并将持续推动全省上下改善民生福祉。进入新时代，浙江将高举习近平新时代中国特色社会主义思想伟大旗帜，坚定践行以人民为中心的执政理念，锲而不舍谋民生之利，真抓实干解民生之忧，实现浙江民生事业的新发展，让人民群众过上更加美好的生活。

3 工商业实践中的民生发展：浙商与民生的关系

民生事业关系到人的生存和发展，是人民群众最关心、最直接、最现实的利益问题。中华人民共和国成立70多年来，中国共产党始终高度重视保障和改善民生，人民群众的获得感、幸福感、安全感不断提高。站在新的历史起点上，回顾70多年来民生发展历程，中国民生建设取得了历史性成就。随着时代的进步与发展，国民需求的内涵发生了变化，中国共产党和政府遵循民生发展的普遍规律，准确定位不同历史阶段国民需求的核心问题。

本章从时间的维度纵向探索政府和浙商在民生领域的实践发展，从经济发展与民生发展、文化发展与民生发展、社会文明与民生建设、制度建设与民生建设等四个维度去解析浙商和民生的关系。中华人民共和国初建时内外交困，百废待兴，中国面临解决国民温饱的困境，民生的基本需求都难以满足，这一时期政策发展与计划经济体制相适应，浙商工商业实践活动多是围绕着解决人民的日常生计问题开展的，因此出现的市集经济成为计划经济的补充，丰富了千家万户。随后，在探索中国特色社会主义道路的过程中，浙商凭借着敢为人先的精神探索前进，逐步由草根浙商向文化浙商转变，推动浙商发展文化产业，在文化建设中优化升级；在步入21世纪新纪元后，社会在进步，如今浙商并非原来传统意义上为了生计而实践的浙商，政府为浙商企业创造了良好的发展环境，促进浙商发展，浙商在工商业实践中践行社会主义核心价值观，反哺社会，积极承担社会责任，为社会文明发展增添光彩，促进良性循环；2020年春，习近平总书记赋予浙江“努力成为新时代全面展示中国特色社会主义制度优越性的重要窗口”的新目标新定位，浙江以“八八战略”为统领，努力建设“重要窗口”，发挥制度性创新，营造自由、开放的人性化发展环境，构建良好的亲清政商关系，将亲清新型政商关系落到实处，吸引海外浙商，促进制度建设与民生建设并进。

3.1 经济发展与民生发展:1949—1980

3.1.1 政策导向——坚持以人民需求为重

中华人民共和国成立之初，保障全体公民的基本生活成为各级政府工作的重中之重。毛泽东同志提出“为人民服务”的思想，在带领广大人民建设社会主义的进程中，始终将广大人民的利益放在首位。促进经济发展和社会进步的一切政策和措施，必须以人民群众的需求和意见为基础，满足人民增长的物质需求。随后，邓小平同志进一步深化“为人民服务”的思想，首次提出“小康”这一概念，努力提高人民的生活水平。所谓小康社会，是指不仅仅解决温饱问题，还要从政治、经济、文化、社会、生态等方面满足城乡发展需要。随着中国特色社会主义事业的不断深入，其内涵和意义不断丰富和发展。在党的十三届四中全会上，以江泽民为核心的党中央第三代领导集体把不断提高人民的生活水平作为党一切工作的出发点，在民生建设理论、政策取向等方面提出一系列的新观点，提出“三个代表”重要思想，在民生建设上促进就业、促进生态环境保护，等等。

人民是历史的创造者，是中国特色社会主义现代化的建设者，也是美好生活的享有者。为满足人民对美好生活的向往，党的十四大报告就已提出，加快改革和经济发展，就是为了满足人民日益增长的物质文化需要；党的十六大报告再次指出，发展经济的根本目的是提高全国人民的生活水平和质量；党的十八大报告指出，提高人民物质文化生活水平是社会主义现代化建设的根本目的；党的十九大报告面向新时代进一步明确指出，“增进民生福祉是发展的根本目的”。无论在哪个阶段,政府政策的制定和调整都是围绕着民生进行的。

3.1.2 草根浙商——折射以民为重的人本观念

以民为本、注重民生的人本观念是浙商活动的基本动力。[①] 中华人民共和国成立之始,社会情况错综复杂,矛盾重重,满足人民基本需求,促进民生建设,是首要之义。在 1949 年到 20 世纪 80 年代还未出现如今意义上的浙商,当时政府支持允许或者说默许小摊贩走街串巷,参加集市,以期解决自身温饱问题,这就无形中为地摊经济创造了良好的生长和成长环境。以下从义乌优秀工商业者口述史料来分析。

被访者 01,男,1931 年生,曾在义乌市人大担任重要职位

访　　问: 原来计划经济年代的情况大家都知道,就是大家一起受穷。在义乌小生意也不能做,否则会被批为“资本主义尾巴”、投机倒把。但在这个时候老百姓还是要活下去的,那么当时的政府和政府官员是怎么想、怎么做的?

被访者 01: 义乌原来是一个贫穷落后的地方,城镇人口也就七八千人,这个数字说明义乌是很小的。义乌人的生活,一个是种田,但是田少养不了家,糊不了口,一个人平均只有不到半亩田。所以他们一边种地,一边去打工。再一个就是以摇拨浪鼓、鸡毛换糖为副业。农忙过去了,就挑着担子去吆喝卖,全国各地都会去。后来,特别是“文化大革命”开始后,专门成立了一个“打办室”(打击投机倒把办公室),不让鸡毛换糖、贩运等,这些行为都会被怀疑成所谓资本主义违法。你去市场上卖,都要管理,他认为合法就可以卖,这就是打办室。

---

① 何扬鸣、郝文琦:《从“财富浙商”到“文化浙商”:浙江文化的作用和方向》,《山东大学学报》(哲学社会科学版)2020 年第 3 期,第 33—41 页。

访　　问：对于老百姓要吃饭、政府要打办的这种客观情况，你们是左右为难的。当时政府面临的左右为难的具体情况，可以向我们比较详细地描述一下吗？

被访者 01：我们面对的实际情况就是人民要吃饭、要生存。政府要为人民服务，作为共产党就是为人民服务，当时人民吃不上饭，这就是问题。我们调查农民要求，发现农民要有出路，农民要生活。廿三里是鸡毛换糖比较集中的一个地方，这里经常发生"打办室"和农民之间的矛盾问题。经过调查以后，我们讨论了很多次，上面的政策是不允许贩运的；但是我们认为打击农民也不行。根据义乌的实际情况，义乌人多地少，地里产的是不够吃的，要通过其他方面的手段来补充。研究来研究去，根据上级的政策进行变通，我们就冒着风险，根据义乌的情况，出问题大家一起承担责任。1982年的时候，我们一致同意出台了几个政策，"四个允许"。这个政策出来后，市场就活了。原先鸡毛换糖的农民都进城了，在人民医院那边划出了一片区域，实行有控制的经营，那边就形成了第一代的小商品市场。湖清门到医院这块地方，路的两边都卖得很热闹，后来也被称为第二代市场。后来慢慢发展，第一代、第二代的区域撑不下了，出现了第三代小商品市场。篁园路是第四代市场，它不是专业性的市场，而是综合性的，什么都有。到了发展更快的，就是第五代宾王，最后是现在的福田市场。

当时政府坚持为人民服务，切实保障农民需求，通过协调变通出台"四个允许"的方针政策，让鸡毛换糖的货担郎进城，在有需求的地方经营起地摊经济，形成第一、第二、第三、第四、第五代市场，保障农民的基本物质需求。而作为计划经济的补充，市集经济不仅让义乌人民在本土领域发光发热，更是丰富了千家万户的生活。 不仅如此，在义乌有一个口口相传的故事，当时冯爱倩是一名为了生计偷偷摸摸摆地摊的个体经营户，因无法忍受被管理部门围追堵截，就跑去和当时义乌市委书记谢高华讲理。两人经过沟通交谈，最后谢高华允许他继续摆摊，开放义乌小商品市场。在当时原本物资贫乏的时代，政府基于人民实际需求考虑，在计划经济体制中划出一道口子，满足人民的民生需要，允许或者说默许义乌的货担郎通过鸡毛换糖的方式进行商业活动。从草根浙商实践发展轨迹来看，基本都是围绕着自身生计，折射出民生主义思想。而穿衣吃饭是百姓的基本生理需求。马斯洛的需求层次理论提到，人的需要是由生理需要、安全需要、社交需要、尊重需要、自我实现需要组成，只有满足了人类最基本的生理需要，才能寻求更高层次的心理自我实现价值的需要，传统浙商活动都是以实现生理需求、以人为本为目标而进行的。因此，传统浙商活动是围绕着老百姓生活而进行的，涉及千家万户。

3.1.3 政商融合——发展“亲清”民本经济

浙江不仅陆地面积少，而且资源缺乏，但也因为这一自然环境的不利因素，才会造就浙商发挥主观能动性，传承发扬务农经商的传统，探索挖掘艰苦奋斗、不屈不挠、敢为人先的创业精神和商品经济意识，让商品经济的种子在浙江这块大地上生根发芽。义乌优秀工商业者从最早的家庭作坊、外出打工、鸡毛换糖、摆摊售卖活动开始，从点状经营到块状经营，从无到有、从小到大、从弱到强，经济水平逐渐提升，生活质量逐步提高。原先手工业者，如弹棉花的、打铁的、修鞋的等，凭借着敢于拼搏的浙商精神成为“百元户”“万元户”。而这一阶段，政府发挥着不可忽视的作用。当出现新的经济形势时，如商品经济初萌芽，党和政府难以有效地辨认，便采取冷静观察、适当分析的态度，通过一段时间的发展，观察其能否促进经济民生发展。当然，这并不是一帆风顺的，也会有质疑、阻难，然而这个时候党内总是会有一些有远见、有气度、敢于探索、善于改革之士，在经济发展的浪潮中，听取群众的意见和呼声，辩证看待新事物发展，尊重群众创造精神，促进民本经济的发展。浙商的实践发展和政府的政策导向合力为浙江的民本经济奠定了发展基础，根据1983年浙江统计年鉴数据可知，1983年农村居民平均年收入为358.8元，1980年农村居民平均年收入为219.2元，1983年较1980年增加了63.7%，表明人民物质生活得到极大的改善，民本经济在良好的社会环境中生长发展。

1949—1980 年，商品经济萌芽，中国经济体制的探索从计划经济向市场经济转变，而无论是在哪种经济体制下，民生的发展都离不开政府的引导，但是也不能简单地用一条腿走路，而要有政府和民众的共同努力，才能促进具有浙江特色的民本经济发展。

3.2 文化发展与民生发展:1980—2000

3.2.1 政策梳理——挖掘文化建设中的民生属性

随着改革开放的不断深入以及社会主义市场经济体制改革目标的确立，国家政权趋于稳定，党中央拨乱反正，纠正轻视教育科学文化和歧视知识分子的错误观念，提出“尊重知识、尊重人才”，更加自觉地、坚定不移地贯彻落实“双百”方针。1980 年确立了“文艺为人民服务、为社会主义服务”的“二为”方向。1980 年 12 月，邓小平在中共中央工作会议上的讲话中指出：“我们建设社会主义国家，不但要有高度的物质文明，而且要有高度的精神文明。”表明在追求经济效益的同时，文化建设也至关重要。随着文化建设的不断深化，市场化特征开始显现。1998 年，政府职能部门设置了“文化产业司”，并且在政府工作报告中创新性地提出了“文化产业”以及“文化产业政策”的概念，标志着文化产业政策成为我国文化政策的新空间。1991 年，江泽民同志在庆祝中国共产党成立 70 周年大会上的讲话中提出“有中国特色社会主义的文化”。党的十五大专题论述了“有中国特色社会主义的文化建设”。党的十五届五中全会提出将文化产业列入国家发展战略。在整个文化建设中政策由零散化走向整体化，由边缘化走向中心化，文化产业从无到有，日益满足人民的精神文化需求，促使文化建设逐渐成为整个国家复兴的战略资源和竞争软实力。不仅如此，政府系列政策为浙商传承浙商文化和发展文化产业营造了良好的政策环境。

3.2.2 价值旨向——文化民生建设必须坚持以人为本

《世界人权宣言》第二十七条规定:“人人有权自由参加社会的文化生活,享受艺术,并分享科学进步及其产生的福利。”①人人都有追求文化艺术的权利,都有崇尚美好文化生活的追求。人民需求是文化建设的逻辑起点,纵观中国特色社会主义发展道路,可以了解到中国无论是在国际上面对怎样的发展困境,还是在国内面对何种挑战,中国共产党始终关注广大人民群众的精神世界,满足人民的文化需求。在日新月异的时代背景下,文化需求呈现出多样化、多层次的发展倾向,将文化建设与人民动态的文化需求结合起来,在满足人民群众物质需要的同时,能够捕捉到人民对美好生活的向往。在价值旨向上,文化民生建设始终以人为本。从理论层面上讲,中国共产党始终以“全心全意为人民服务”为宗旨,人民是基础,是一切发展的初衷;从实践层面上讲,从毛泽东时代在整体上确立人民的文化主体地位到邓小平时代关注人的文化素质,②中国共产党在不断地解放人的思想、提高人的素养、丰富人的生活。毫无疑问,人的需求始终贯穿实践发展的始末,引领文化民生的建设。坚持以人民为中心的文化建设对象,有利于广泛了解民众的文化服务意愿,解决大多数民众的文化服务项目,重点满足困难群体的文化服务需求;有利于赋予民众在文化生产、文化消费和文化决策中的知情权、表达权、选择权、监督权;有利于丰富人民的精神世界,增强人民的精神力量。

3.2.3 文化浙商——在实践发展中坚持诚实守信

浙江省社会科学院副院长陈野表示:“文化基因形成于长期的历史过程,内化于文化传统中,在不同的时代背景和社会条件下,外化为具有时代特征的文化精神。”特色鲜明的浙江文化精神支撑浙商在时代潮流中前进,引领浙江书写传奇。浙商是浙江的“金名片”,企业家精神是浙商的文化灵魂。早

---

① 联合国:《世界人权宣言》,http://www.un.org/chinese/hr/issue/udhr.htm。

② 陈宇洁:《中国共产党文化民生思想的历史演进及当下启示》,《红广角》2014年第12期,第36—39页。

期草根浙商立足于自身生活，存在于各行各业中，以期解决温饱问题。自改革开放以来，在市场经济体制下，浙商创新发展成为中国私营经济或者说民营经济的代表，为浙江发展贡献了不可磨灭的力量。而在此期间，政府强调市场规范，严厉打击违法诈骗行为，打造公平竞争的市场环境。一位长期在义乌创业发展的工商业者表示："义乌小商品市场成功最大的因素在于政府管控，政府一直在监管，摊位不允许炒，买卖管控。"与此同时，浙商实时把握党的执政理念和政策导向，诚信经营，有国家大局意识，官商勾结、金钱交易的行为极少，树立企业文化，提升企业品牌。浙商文化体现在工商实践发展中，无论是做文具品、生产销售服装还是生产电子产品，浙商都秉承初心，自觉维护市场秩序。在对义乌优秀工商业者的采访中，不止一位浙商强调诚信是基石，诚信要建立在质量之上，没有相应的品质就没有诚信。浙商在市场经济体制中自觉维护市场秩序，赢得了市场的信任。直至今日，我们也能从浙商中学到"宁可做蚀、弗可做绝""诚招天下客、信誉值千金"等诚信经营的格言。经济推动文化，文化引领经济。我们要继承弘扬浙商文化，造就文化浙商，在实践发展中稳步前进。

3.2.4 共生发展——共创共建共享浙商民生环境

人民群众不仅是文化的创造者，更是文化的享受者，"共享"是文化创建的最终目的。在推进社会主义先进文化建设进程中，人民群众的文化生活需求日益发生改变，这就要求切实把握人民群众的精神文化需求，紧跟时代潮流，不断更新服务内容，改进服务质量。近年来，浙江省秉承"求真务实、诚信和谐、开放图强"的浙江精神，充分发挥浙商的核心推动力，浙商的时代精神引领浙江民生建设，打造文化特色礼堂，发展特色文化产业，促进"文化＋科技""文化＋医疗""文化＋体育"等民营文化企业发展，创造文化产业新格局。2010 年浙江省文化厅举办文化浙商活动，旨在扶持和引导浙江民营企业进入文化产业，搭建文化产业发展平台，进一步铸造浙商文化，在经济转型升级中不断提升文化软实力，给予文化公益事业支持，鼓励更多的浙商从“草根浙商”向“文化浙商”转变,[①]推动浙商在发展文化产业中优化升级。而浙商实时回应政府和市场需求,像广厦集团、横店集团、宋城集团等一批在全国有较大影响的民营企业,投身文化产业发展,给予文化公益事业支持,成立文化基金会。据不完全统计,截至2018年底,浙江已形成国有文化企业和民营文化企业并进的产业发展格局,上市文化企业达39家。到2020年,浙江文化及相关特色产业总产值达1.6万亿元,产业发展活力等主要指标位居全国前列。[②] 在浙江省文化建设上,民营资本的积极参与成为不可忽视的力量。1980—2000年,时遇改革开放,政府正确引导浙商发展,建立良好公平的竞争环境,促进浙商转型优化。浙商秉承“千方百计提升品牌,千方百计开拓市场,千方百计自主创新,千方百计改善管理”的“四千”精神,积极探索,在转型的浪潮中提升自我,规范自我,使得文化建设和民生福祉共生发展,不断创新,不断进步。

3.3 社会文明与民生建设:2000—2010

3.3.1 理论渊源——体现时代发展进步

社会主义社会文明是在2004年党的十六届四中全会首次提出社会建设这一概念之后出现的,是在研究构建社会主义和谐社会、社会建设的过程中发展起来的。汉语“文明”一词具有广泛的含义,最早出自《易经》,曰:“见龙在田,天下文明。”在现代汉语中,文明指一种社会进步状态,与“野蛮”一词相对立。有《书·舜典》:“濬哲文明,温恭允塞。”文明,孔颖达疏:“经天纬地曰文,照临四方曰明。”表文德辉耀。亦有李渔《闲情偶寄·词曲下·格局》:“若因好句不来,遂以俚词塞责,则走入荒芜一路,求辟草昧而致文明,不可得矣。”表社会发展水平较高,有文化的状态。有学

① 陈立旭:《从传统到现代:浙江现象的文化社会学阐释》,浙江大学出版社2018年版,第35页。

② 数据来源:文化产业数据库。

者深入探究社会文明的定义，普遍把社会文明分为广义和狭义两种，广义的社会文明是指包括经济、政治、文化、社会、生态等方面在内的整个社会的开化程度和进步状态，是人类改造客观世界和改造主观世界所取得的积极成果的总和，是各种文明的有机统一；狭义的社会文明，是指相对于社会主义物质文明、政治文明等具体的文明形态而言，在社会领域中取得的积极成果的总和，主要表现在社会事业和社会生活的进步。① 文明随着时代演绎进步。早期，以毛泽东同志为核心的第一代中央领导集体，未明确地提出有关社会文明的阐述，但在实践中潜移默化地推动社会文明的建设；以邓小平同志为核心的第二代中央领导集体，表示在注意建设物质文明的同时还要建设社会主义的精神文明；以江泽民为核心的第三代中央领导集体提出政治文明；以胡锦涛同志为总书记的新的中央领导集体提出了生态文明；中国社会主义社会文明在理论上一次又一次地创新突破。

3.3.2 政府引领——打造良好的成长环境

浙商是浙江发展最为坚实的力量，也是浙江的“金字招牌”。改革开放以来，浙商凭借着艰苦奋斗、敢为人先、诚实守信的“四千”精神，不断发展壮大、开拓创新。在浙商自我发展的过程中，政府发挥着不可忽视的作用，在潜移默化中为浙商的发展打造良好的成长环境。义乌是浙江省工商业实践的代表地区，我们通过对义乌优秀工商业者的口述着手研究分析政府对浙商发展起到的作用。

被访者 02，男，马来西亚籍华人，优秀工商业者

被访者 02：我们义乌一直就是商人有什么需求，政府就想办法往那个方向发展。政府走出去招商，逢人便说来义乌做进口生意免租金，店面按照进口量来申请，吸引大家过来。市场有需要，政府就去做，这一点是很开放的。同时鼓励工商业者在

① 刘辉：《社会主义社会文明研究述评》，《中共四川省委党校学报》2012 年第 4 期，第 3—6 页。

休息的时候互相多一些交流，多运动，做公益。

政府尊重市场需求，招商引资，实打实地促进浙江省经济发展，带动产业优化升级，同时推动浙商回归。2006 年，时任浙江省委书记习近平同志表示支持在外浙商回归反哺家乡，鼓励浙商在家乡的热土上发展。之后，浙江省在浙商回归的过程中，积极为浙商回归项目简化行政审批手续。2011 年，浙江省出台《关于支持浙商创业创新促进浙江发展的若干意见》，为回归企业制定了税收、土地等方面的优惠政策，为浙商回归营造了良好的成长环境，保障浙商权益。此外，政府鼓励浙商响应社会需求，为社会做公益。2014 年，民政部、全国工商联发布《关于鼓励支持民营企业积极投身公益慈善事业的意见》，促进广大民营企业通过参与公益慈善事业，弘扬中华民族传统美德，积极履行社会责任。

3.3.3 责任浙商——义利并举，商行天下

传统的儒家思想滋养着浙商，在浙商的创富传奇中，浸染儒商文化的他们一直坚守着义利并行、乐善好施的善良本性。① 他们在自我发展、追求经济效率的同时，坚持造福一方，反哺社会，助力精准扶贫，心怀国家和民族，热衷于公益事业的发展。根据一位在义乌扎根多年的优秀工商业者的概括："公益的初衷最重要之一是回报，以自身的古道热肠去回报社会，这时候就会感受到成就感，如今义乌的企业家们都在思考着社会价值，承担社会责任。"其中受采访的义乌优秀工商业者、办公学习用品行业商会会长黄昌潮 2012 年独家赞助"建军 85 周年义乌场站部队拥军活动"，每年都参与"春蕾计划""爱心书包漂流"等公益活动；义乌飞豚电子科技有限公司总经理包海刚 2014 年与社会精英人士发起成立了公益救援组织"义乌市民间紧急救援协会"；浙江著名民营企业阿里巴巴积极助力公益事业，开展"马云乡村教师计划"公益项目，并为扶贫成立 100 亿元公益基金会。在 2007 年浙商大会上，

① 周明宝:《浙商文化的历史轨迹及其传承发展》,《浙江伦理学论坛》2015 年第 0 期，第 235—244 页。

绝大多数浙商企业承诺“改革创新，做强做大；关爱员工，诚信守法；保护环境，节约资源；扶贫济困，热心慈善；修身立业，传承文明”。浙商企业积极承担社会责任，由点及面，激发和带动整个社会商人道德情操的提升，逐渐成为社会慈善的主力军。

3.3.4 良性互动——实现共生多元赋能

一个文明的社会，必然是一个充满浩然正气的社会。浙商在各行各业中砥砺奋进、勇立潮头，在时代的变迁中不断焕发新的浙商精神。最初，浙商对公益的理解还是聚集在一些基本的社会责任上，如简单的慈善捐赠、纳税行为，但是随着对社会责任深度了解和深度实践后，浙商也逐渐意识到社会责任的践行并不是简单捐赠，一个敢于承担社会责任的浙商企业，无论是对自己企业员工、社会弱势群体，还是对卫生环境、资源保护等方面，都有强烈的社会责任感。而企业社会责任的履行，不仅是企业家自身的事情，而且是一个必须全社会参与、良性互动的系统工程。浙商与政府、社会合作双赢。一方面，帮助国家更好地建设社会主义和谐社会，营造美美与共的人文环境；另一方面，浙商在一系列慈善捐赠活动中，实现马斯洛需求理论中的最高层次需求——自我价值的实现，从而慢慢地从低层次向高层次需求转化。

3.4 制度建设与民生建设:2010 年至今

3.4.1 政府作用——努力打造一流营商环境

为打造一流营商环境，浙江持续推进政府效能建设和简政放权改革。首先是下放权力。从 2003 年开始，浙江启动了第三轮省级行政审批制度改革，浙江由此成为全国审批项目最少的省份之一。21 世纪初，本着“能放就放”的原则，大力推进具有浙江特色的简政放权改革，进一步深化扩权强县改革。2002 年，省政府将 313 项原属地级市的经济管理权限下放给绍兴、温岭等 20 个县（市、区）。2006 年，浙江省委、省政府确定义乌市为进一步扩大县级政府经济社会管理权限的改革试点，赋予其设区市经济社会管理权限。其次是信用浙江建设。2002年，浙江省第十一次党代会提出建设“信用浙江”战略。2002年7月3日，省政府召开全省“信用浙江”建设工作电视电话会议。电视会议后，省政府专门下发了《关于建设“信用浙江”的若干意见》，推动政府、市场和社会的信用体系建设。为了建设“信用浙江”，浙江继续推行政务公开，实行“权力阳光运行”，提升政府信用形象。省政府41个部门把政务内容、落实措施、监督办法全部向社会公开。再次是政府效能建设。2004年，浙江还全面开展了机关效能建设，将提高效率作为加强效能建设的目的。从2013年开始，浙江全面推进“四张清单一张网”改革，通过编制系列清单，进一步限制和规范政府权力。在“四张清单一张网”基础上，2016年12月，省委经济工作会议提出了“最多跑一次”改革，从而开启了政府权力运行更加科学化的改革历程。2017年1月，省政府工作报告中正式提出加快推进“最多跑一次”改革。在行政审批事项梳理、办事流程优化、数据共享建设等方面，浙江创造了多个全国第一，成为新时期地方政府改革的典范，为一流营商环境构建了良好的浙江政务环境。

通过对义乌优秀工商业者口述史料的研究，我们了解到浙江义乌由昔日贫苦落后的农业县发展成为丰富多样的世界超市，政府发挥了不可忽视的作用。政府简政放权，为工商业者发放个人营业执照，在现金流、税务方面为工商业提供便利，创造平台市场，公安保障安全，允许地摊经济的出现和发展，促进小商品市场的繁荣进步，为小商品市场的发展营造开放、自由的发展环境，吸引海外浙商到浙江这片土地上投资发展。

被访者03,男,1968年生,从事多年丛书编辑工作

被访者03:谢高华最大贡献就是放农民进城,农民进城是一个新的突破,我们谢书记营造了很好的营销环境。首先是从工商部门,个体工商户当时是不允许办营业执照的,但是他开放了营业执照申办,非常不简单。商贸最大一点就是现金流通,义乌市场能做大,就是各个部门开绿灯,制造了良好的营商环境。义乌能够做到这么大,有几方面原因,第一个是工商,第二个是现金流，第三个是税务。这种税务到现在为止，我们还是定额的。当时的比例是10%，如果没有税务的定额，义乌也不能发展得这么大，因为当时的商贸业，企业利润是非常薄的。所以说多管齐下造就了义乌的大发展。

访　　问：每个部门对良好营商环境的营造贡献了什么？工商、环境、税务还有什么？

被访者03：我认为各部门为营商环境创造了一个平台，因为我们的市场，它没有一个载体放在这里肯定是不对的，市场跟其他不一样的，全部流动的话你就找不到了。义乌到外地的人，他们都住在旅馆里面，义乌小商品最早也是摆路边摊。但是我们为什么走在了别人前面，到1984年12月的时候，义乌打造了当时浙江省最好的市场，这个是我们的先发优势。有了政策，工商税务、环境各部门的服务就跟上了，商户就能安心地把客人招进来，没有客人是不行的。

访　　问：工商、银行、税务建设市场。然后呢，公安来保障安全？

被访者03：对。政府有为，如政府无为的话，我说不做就不做，个体工商户的贷款，我不支持也很正常。没有强硬的政府，就不可能有工商业的发展。

3.4.2　创新浙商——勇立创新潮头

浙江经济要发展，民营经济首先要发展，而浙商是浙江民营经济的一大助力，因此需要加大对浙商企业的制度创新。“互联网＋”是时代特征，是社会进步的标志，互联网重塑当代人的精神生活，这既是机遇，也带来了挑战。浙商实时把握市场需求，在互联网飞速发展的时代，勇立创新潮头，实时把握群众需求，加快创新步伐，加大研发投入，优化产品种类，续写浙商传奇。截至2019年，浙江省已举办十届“科技新浙商”活动，培养创业创新典型，提振浙商信心，充分展现出浙商在技术、资金、人才、创业经验等方面的资源优势，树立重视科学、尊重创新的浙商形象。如今，“科技新浙商”已成为一个涵盖各大战略新兴产业的创新联盟，以抱团的方式为浙江的经济社会发展贡献力量，共同推动着浙江创新创业不断向前。

与此同时，浙江省行业协会较为发达，各类商会组织功能比较完善，职能发挥较好。政府通过行业协会了解浙商企业发展需求，多沟通多交流，降低企业和政府不正常往来现象，为亲清政商关系的发展奠定了发展基础。

3.4.3 亲清政商——推动社会主义和谐社会发展

在踏入21世纪后，我国的市场形态发生了巨大变化，计划经济逐渐退出了历史舞台，市场经济促进国民经济又稳又快发展，民营企业异军突起，成为促进社会生产力强劲发展的重要力量。浙商以“四千”精神为核心，自主创新创业，在激烈竞争的市场环境中主动出击，直面不确定性和风险，善于突破创新，在中国改革开放的40多年里，我们都可以看到浙商的创新实践走在了全国前列。不仅如此，浙商的政治立场务实，政治观点不随波逐流，人云亦云，贯彻落实党的执政理念和政策，求真务实，敢于探索。大多浙商都是草根阶层，但是极大部分诚信经营，有国家大局意识。近年来，政府积极打造服务型政府，努力构建“党委领导，政府负责，社会协同，公众参与”的社会治理新格局，对待企业和市场的态度越来越理性。2016年两会期间，习近平总书记首次用“亲”“清”二字阐述了新型的政商关系，2017年党的十九大报告强调“构建亲清新型政商关系，促进非公有制经济健康发展和非公有制人士健康成长”，再到2018年全国两会、民营座谈会等，习近平总书记多次强调将新型的政商关系落到实处。浙江省以“八八战略”为引导，按照“秉承浙江精神，干在实处、走在前列、勇立潮头”的新要求，切实将新型政商关系落到实处，切实了解企业需求，关心支持民营企业成长和发展。

3.5 浙商与民生关系

中华人民共和国成立以来，党和国家高度重视民生问题，坚持以人民为中心，短短几十年间，各项民生事业取得了跨越式的发展。在20世纪50年代，政府对经济和民生的建设仍然处于探索阶段，探索如何为人民群众带来更好的生活，如何更加符合中国国情。刚刚出现的经营行为被认为是投机倒把，因此被严格禁止。但是随着探索的不断深入，政府对新生事物采取观望的态度，也逐渐允许或者说默许在计划经济体制下，开出一道口子进行一定程度的商品流通。到 1978 年开放经济特区时，国家开始允许非公经济的存在，这就逐渐产生了一些个体经营者，早期草根浙商就是在政策宽松的条件下得到极大的发展。可以说，1949—1980 年，党和政府通过多方的努力，在政策上逐渐松绑，为浙商创造出一个生长环境。改革开放以后，国家经济实力飞速发展，这个时期浙商民营经济也得到了巨大支持。1984 年党的十二届三中全会通过了《中共中央关于经济体制改革的决定》，提出计划经济是公有制基础上的有计划的商品经济，使得企业成为相对独立的经营个体。之后，政府对待浙商民营企业的发展采取了积极引导管控的方式，建立公平竞争的环境；同时扶持和鼓励浙商向着文化产业发展，形成浙商文化。1980—2000 年是浙商民营经济快速发展的时期，其间出台了一系列激励政策，政府对民营经济的发展给予了较大的支持。2000 年以后，为促进浙江发展，政府把握市场需求，出台一系列激励政策，如《关于贯彻省委省政府支持浙商创业创新和扩大有效投资决策部署的实施意见》，鼓励浙商回归，积极引导浙商在追求经济利益的同时，主动承担社会责任，反哺社会，树立良好的浙商形象。2000—2010 年，政府不断推出有利于浙商民营企业发展的举措，这一时期成为浙商民营企业发展突破期，民营企业实现跨越式发展。随后，政府努力构建制度建设，浙江充分从社会主义社会本质要求出发，在多个重点领域获得突破性成就，围绕自身治理优势，深入推进富强浙江、平安浙江、美丽浙江、文化浙江、法治浙江、清廉浙江建设，为浙商民营企业营造良好的环境，积极鼓励将亲清新型政商关系落到实处，促进二者良性互动。2010 年至今，党和政府不断充实和完善政策，浙商的发展有了质的飞跃。

浙商的成长和发展过程是一个不断自我学习、自我提升、自我完善的过程。凭借着勇于探索、敢于拼搏的“四千”精神，他们从草根浙商到文化浙商再到责任浙商，直至如今提倡的创新浙商。他们既为社会创造了财富，又创造出现代文化；既创造了美好生活，又创造了美好社会；既创造了社会生活方式，又回报了社会；既提升了浙商形象，又代表了中国企业家群体形象。

在中华人民共和国成立初期，浙商处境相对艰难，自然和社会环境造就了艰苦奋斗、努力拼搏的浙商精神。为满足老百姓自身基本生活需求，浙商走街串巷、参加集市、出行摆摊，在一定程度上促进了经济的增长，保障了民生。改革开放以后，随着经济的发展，在政府监管下，浙商坚持诚信经营，为浙商树立了良好的企业形象。与此同时，人民的需求逐渐发生了改变，浙商响应政府政策号召，积极投身到文化产业中，推进文化产业健康繁荣发展。随后，人民追求美好生活，社会文明的进步为浙商反哺社会、承担社会责任奠定了基础，浙商积极为乡村振兴做贡献，不仅仅是在自身经营的企业宣传公益文化，在对待环境保护、资源利用、基础设施建设、公益教育等方面也发挥了不可忽视的作用。发展至今，浙商向着更高层次发展，不断优化，抓住时代的机遇，创新发展，努力构建亲清政商关系。

本章通过对政府在民生建设方面的政策和浙商在民生领域的实践进行梳理，发现在政府和浙商互动创造人民美好生活的协作中，有以下几点值得总结。一是坚持以人民为中心。无论是政府制定政策还是浙商的行为活动都是围绕以人民为中心而展开的，我们党和政府从诞生的那天起，就把让人民过上美好生活，作为自己的根本使命和价值目标；浙商的发展是为了生计而活动，创造出的物质财富，为美好生活的构建奠定了一定程度的物质基础。二是坚持社会主义性质。无论浙商企业如何发展创新，都是在社会主义范畴内不动摇，明确表明民营经济是社会主义市场经济的重要组成部分。政府的政策在不断深化的同时，浙商始终坚定不移地坚持党的领导，接受政府的监督，遵循习近平总书记“让人民生活得更幸福更美好”的要求，让浙商企业的发展给人民带来美好生活。三是创造良好的发展环境。从对浙商发展的四个阶段分析可知，政府不遗余力地为浙商的发展创造良好的生长、突破、创新的环境，为浙江省民本经济的发展和民生建设奠定了良好的社会基础。

简而言之，政府在工商业方面的政策、对民生的政策，与浙商的工商业实践与精神越来越高度契合，拧成了浙江民生发展的一股合力，实现人民群众对美好生活向往的目标，促进浙江省在社会主义现代化进程中走在前列，勇立潮头。

4 政府治理中的民生实践

政府治理是指在市场经济条件下，政府对公共事务的治理。天地之大，黎元为先；民惟邦本，本固邦宁。当代社会的政府应是建立在公民本位、社会本位理念的基础上，在整个社会民主秩序的框架下，通过法定程序，按照公民意志建立起来的以为人民服务为宗旨并承担着服务责任的政府。这就要求政府在实施治理过程中，时时刻刻以社会发展和公民普遍的共同利益为出发点，完全从“人民需要”出发。然而，在市场经济条件下，我国政府固有的治理模式仍然存在着成本高、效率低的问题，究其原因，既有传统体制的影响，又有政府自身的局限。在生态文明已经成为人类共同追求的文明形态的背景下，中国社会作为一个急剧变迁和转型的超大规模社会，政府治理正面临着巨大的压力和挑战，如何面对是对中国政府治理能力的一次大考验。同时，尊重和加强人类与环境生态文明建设，做到以人为本、天人合一是亟待我们深入探讨的问题。

4.1 建设为民办实事的政府

4.1.1 公共管理向公共服务转型

传统管制型政府的理念，停留在“官本位、政府本位、权力本位”的基础上，政府利用公共权力主要是维护统治秩序和对社会实施管制，公众和社会的主导性和自主空间很少。所以，党的十九大报告提出："转变政府职能，深化简政放权，创新监管方式，增强政府公信力和执行力，建设人民满意的服务型政府。"服务型政府以服务为宗旨，这意味着政府与公众的关系将转化为服务供给者与消费者的关系。政府行使权力不再主要是为了简单管制，而是为民众提供更好的服务。按照现代公共管理理念，政府不是凌驾于社会之上的官僚机构，而更像是负有责任的"企业家"，公民则是其"顾客"。政府是不断提高公共资源配置效率的人。服务型政府是要以市场即人民需求为导向，只有人民驱动的政府，才是好的政府。

只有中国人民安居乐业，中国政府才能屹立于世界之林。政府想要稳固根基，守住公信高地，就要关注百姓的悲喜冷暖，解决百姓的愁急烦难。我国向服务型政府转型正是顺应民意、尊重民心、凝聚民智的做法，只有这样才能千群一致，翻开中国故事新篇章。

习近平总书记指导我们提高行政效能，建设人民满意的服务型政府，必须从理论上提高认识，从经验中进行总结，开展法治建设，运用互联网等先进技术，加强服务型政府理念，促进为民办实事，提高为人民服务的能力。

4.1.2 全能型政府向服务型政府转型

全能型政府的职能模式是计划经济的产物，是中国经济体制改革的主要对象。在计划经济条件下，政府通过指令性计划和行政手段进行经济管理和社会治理，因此说这样的政府是全能型的。这时政府对市场和社会的介入无孔不入，政府职能也无限膨胀，职能设置上的不合理使政府管了许多"不该管""管不好""管不了"的事。政府同时扮演了生产者、监督者、控制者的多重角色，而为社会和民众提供公共服务的职能和角色却被淡化。

随着社会主义市场经济的发展和完善，尤其是国有经济布局的战略性调整和国有资产管理体制的改革，政府的公共管理职能和国有资产出资人职能分开，要求政府把微观主体的经济活动交给市场调节。当代政府由原来的指令性管理需要向主体服务上转变，为企业生产经营创造良好的发展环境。这一转变是艰难的，但却是完善社会主义市场经济体制必须啃掉的"硬骨头"。

服务型政府的职能是有限的，还是要还权于社会、还权于市场，努力去做市场和个人不能做、不愿做或做不好的事情，其主要表现为提供维护性的公共服务和社会性的公共服务。

维护性公共服务主要包括维护市场经济秩序、保护财产权利和公民权利、保卫国家安全和社会安全，这是服务型政府的基石；社会性公共服务主要是指完善的社会福利体系和健全的社会保障制度，包括教育、医疗、卫生、环境保护、公共事业和社会保障等，社会性公共服务是服务型政府的主要体现。提供优良的公共服务是服务型政府的重要职责体现，包括为各种市场主体提供良好的发展环境与平等竞争的条件，为社会提供安全保障和公共产品，为劳动者提供就业机会和社会保障服务等方面。

4.1.3 审批型体制向服务型体制转变

体制改革和制度创新是服务型政府建设的必经之路，服务型政府突出了公共服务、社会治理等职责，但在转型的过程中仍然缺乏制度、体制支撑。党的十六大以后，基本公共服务体系构建和公共财政体制改革等已经完成。2011 年 7 月 1 日，《中华人民共和国社会保险法》正式施行，标志着中国社会政策建设开始进入法治化的新阶段。政府还应当继续大幅度削减行政审批，减少行政干预中的任意性，促进生产要素的自由流动，使生产要素能在市场竞争中优胜劣汰、优化组合。

因此，深化行政审批制度改革，才是建设服务型政府的基础工作。行政审批制度改革应当遵循：对不符合政企分开和政事分开原则、妨碍市场开放和公平竞争以及实际上难以发挥有效作用的行政审批，坚决予以取消；可以利用市场机制优胜劣汰，通过市场机制运作，对于确需保留的行政审批，建立监督制约机制，最终达到审批程序严密、审批环节减少和审批效率提高的目标。政府只有改变行政审批过多过滥、冗长复杂的现象，切实简化行政审批流程，才谈得上向服务型模式的转变。

4.1.4 服务的高成本向高效率转型

努力降低政府运行成本，是建设服务型政府的前提。政府运作的高成本与政府服务的低效率是各国政府的通病。通过行政管理体制改革，合理划分中央和地方社会事务的管理责权，明确中央和地方在公共服务方面的责任，是有效降低管理成本、提高工作效率的方法之一。例如，成立各类行业协会、商会等组织，可在一定程度上减少政府压力，有利于降低行政成本。

积极创新公共服务机制是减低行政成本的有效途径之一。例如，利用地方政府提供公共服务具有效率、效益和回应性等多方面的优势，充分调动市场、社会力量共同参与公共服务，不仅能很好地履行基本公共服务的供给职能，还可以因地制宜地实现多层次非基本公共服务的有效供给，从而大大推进服务型政府转型。在服务型政府建设过程中，政府可以不再是公共服务供给中的唯一主体，而是通过与市场、其他社会主体的紧密合作，形成政府购买服务、外包和协同治理等多种形态的公私关系。

在逐步降低政府运行成本的同时，增强政府的回应性是服务型政府建设的又一重要环节。例如，公共管理人员和机构可以定期、主动地向公民、企业征询意见、解释政策和回答问题，对民众提出的问题和要求应及时做出处置和反应。具有充分回应性是服务型政府的重要特征，政府可以由公共权力主体，变为社会秩序的监管者和公共服务的提供者。

4.1.5 开辟为民办实事的途径

遵循为民办实事的宗旨不是偶然的，而是历史推演的必然。正如亨廷顿说的："各国之间最重要的政治分野，不在于它们政府的形式，而在于它们政府的有效程度。"它的建立应遵循以下途径。

（1）政府主导。

为了达到政府的有效性，能更好地满足社会和民众需求，适应日益复杂化和多样化的发展趋势，需要不断地进行深化改革。政府一直在进行自我发展、自我成长和自我完善。

行政程序上应做到公开透明，建设阳光政府。所有政务必须做到全公开，包括政府组织的任命公开、办事流程公开、法律法规公开以及结果公示等。

行政功能上坚持为民办实事的理念，建设服务型政府。为民众办实事要成为政府工作的宗旨和方向，时刻为企业创造良好、公平的竞争环境，为民众提供完善的行政服务。

体制机制上应探索创新之路，政府管理制度的创新是十分必要的，这样才能提高政府的活力和效率。随着政治、经济的全球化一体化进程，管理制度必须不断创新。为了解决经济发展过程中企业和民众的具体问题，要求制度不断创新。

行政技术手段上应建设数字化政府。随着互联网时代的到来，政府治理信息化、智能化、网络化等成了政府治理与服务的发展趋势。随着“互联网+”的不断深入发展，“数据治国”的理念将会成为一种全新的治理理念，互联网数据思维将使政府治理更加科学精准。因此，要培养收集数据的意识，养成使用数据的习惯，力争形成“用数据来管理、用数据来决策、用数据来服务、用数据来创新”的行政文化氛围。转变公共决策理念，优化政务服务流程，建立以大数据技术为基础的公共决策机制和服务反馈机制。比如，在研判某个事件的发展态势时，政府不能采用传统的经验式决策法，而应从海量互联网数据信息出发进行分析和研判，以提高公共决策与公共服务的质量和效率。

加大政务服务数据的开放力度，以提供给公众查询和使用。将政府服务信息和公众个人以及企业信息数据相融合，让数据信息真正为民所用、为民服务。对政务服务数据进行再加工，充分发掘和利用政务信息资源的附加值，将其作用发挥到最大化，争取为社会公众提供量多质优的政务服务。

行政规则上应推进法制化，依法行政，建设法治型政府。责任政府与法治政府是服务型政府的根本。因此，要建设服务型政府应当不断地推行依法行政工作，促使政府公共服务的法律责任得到进一步强化，行政立法行为同样需要进行更进一步的规范。修订并整理政府规章以及规范性文件，保障政府行政执法水平得以提升，把持行政综合执法的改革力度形成相对集中的行政处罚权。政府部门的绩效评估体系同样需要得到完善，保障责任政府的建立，提升政府服务的有效性，维护公民的基本权益，确保政府的公信力。要逐步确立透明的政府观念，惩治不规范的市场行为，保障政府建设工作的顺利开展。市场经济是法制经济，WTO 的规则正是建立在法律、法规的基础上，它们要求政府必须依法行政、依法管理经济与社会事务，摒弃行政过程中的“暗箱”操作，提高行政效率。政府的所有权力要源于法律，源于人民的授权，使行政过程发生在法律和人民的密切监督之下。

（2）公民参与。

许多年来，人们都有这样一种共识：“一个好政府的标志是能有效履行公共管理和公共服务职能。”

营造公民参政议政的良好氛围。让民众积极投身到政策参与的过程中，培育参与型的政治文化，创造参与型的政策氛围。这样公众可以对政策问题、目标有较高的认知和评价取向，可以充分熟悉和了解政策参与的途径、方式和相关利益。

建立多种社会组织。服务型政府强调政府与公民的良好互动与合作，但是这种互动必须依托一定的组织载体来发挥政府与公民之间的桥梁作用。而代表公民社会利益的非营利性组织恰好承担了这一角色，为实现彼此互利合作提供了条件，间接或直接地影响着政府决策，并且推动着政府改革。

建立公民参政议政的制度机制，参考国内外实证经验，可以从以下几个方面入手。一是完善听证制度。可以建立遴选机制，扩大听证范围和增强公开性。二是巩固和加强信访制度。在法治社会的大背景下，要充分发挥好信访制度信息汇集、民主参与和监督等功能。同时还要尽量减少中间环节，缩短公民表达的需求信息到决策系统的距离，减少需求信息在传递过程中的损失。

创造多样化的参与形式。一要发挥大众媒体的作用。一方面，政府部门要引导大众媒体及时、准确地传达政府信息，防止和减少信息扭曲、过滤现象。另一方面，媒体自身也要不断提高，增强表达功能。二要加强信息化技术的应用。公民通过网络平台参与政治决策，可以密切政府与公众的关系，促进决策的科学化、民主化，有利于实现公民参政议政的自由与平等。然而，实现网络参政议政的健康发展，必须加强相关立法工作。

提高公民参政议政能力。在公民参政过程中必须加强对公众的教育和培训，增强其参与能力，使其能有效地进入参与角色，实现其参与愿望，从而推动政治决策的科学化、民主化。

因此，“为民办实事”要求政府代表最广大人民群众的根本利益，为经济、社会等事务服务，认真履行人民政府的宗旨，努力把政府工作重心转移到加强市场调节、社会监管、依法行政、公共服务等服务民众的职能上来。

4.2 浙江政府治理的民生实践

4.2.1 “最多跑一次”改革

“最多跑一次”改革，是浙江省深入贯彻落实习近平总书记“以人民为中心”发展思想的生动实践，是坚定不移执行“八八战略”创新浙江体制机制的重大改革实践。

2016 年，时任浙江省委副书记车俊在省委经济工作会议上提出“最多跑一次”改革的倡议，要求树立“以人民为中心”的改革理念，以群众感受倒追政府改革，由此更好地落实“八八战略”，再创浙江体制机制优势。

2017 年，浙江省人民政府印发《加快推进“最多跑一次”改革实施方案》，不仅提出了“最多跑一次”的改革思路，确定了时间表、路线图和任务书，而且明确要求省、市、县、乡四级全面推进“最多跑一次”改革。

2018 年，中央深改组会议审议通过《浙江省“最多跑一次”改革调研报告》，并向全国推广。

2020 年，浙江省人民政府印发《2020 年浙江省深化“最多跑一次”改革推进政府数字化转型工作要点》。时任省长袁家军提出，2020 年浙江要基本建成“掌上办事之省”“掌上办公之省”。

浙江省以“四张清单一张网”改革为抓手，深入推进简政放权、放管结合、优化服务，加快政府职能转变，已经取得了明显成效。2017 年，在《政务办事“最多跑一次”工作规范》（以下简称《规范》）中，回答了“最多跑一次”谁来做、做什么、怎么做、如何评价等问题。首先明确了“最多跑一次”的概念，即通过优化办理流程、整合政务资源、融合线上线下、借助新兴手段等方式，群众和企业（自然人、法人和其他组织）到政府办理“一件事情”在申请材料齐全、符合法定受理条件情况下，从受理申请到做出办理决定、形成办理结果的全过程一次上门或零上门。同时，《规范》进一步明确了政务办事“最多跑一次”的事项范围，群众和企业到政府部门办理的事项应为权力清单和公共服务事项目录中的事项。对行政服务中心办理“一件事”窗口设置，《规范》也做了要求，应根据办事事项领域、办理流程关联度、办理数量和频度等要素，设置投资项目审批、商事登记、社会事务、公安服务、不动产交易登记、医保社保事务、公积金服务等方面“综合窗口”，其他可设置相应的“其他事务综合窗口”和“专业窗口”。2018 年，浙江省十三届人大常委会第七次会议第三次全体会议审议通过了《浙江省保障“最多跑一次”改革规定》，规定对“行政服务中心的法律地位”“重复提交材料、转嫁责任证明、办事时间长”“信息孤岛”等群众反映强烈的改革难点和痛点问题，在立法层面予以破除。同时还专门设置了“容错免责”条款。

据浙江省编办介绍，浙江省个人综合库、法人综合库、信用信息库数据归集已完成，省直部门前 100 项办事事项的数据需求整理和数源确认工作已经完成，首批 25 个省级部门 45 个“信息孤岛”基本完成对接，市县本地系统和“一窗受理”平台对接，累计打通 127 套市级系统、98 套县级系统。截至 2020 年，浙江省、市、县三级开通网上申请的比率分别达到 86.8%，73.7%，73.1%，统一公共支付平台累计缴费量达 4905 万笔。

浙江省从“跑多次”到“最多跑一次”的变化，已不是简单的量变，而是政府职能的深刻转变、权力运行方式的深刻变革和“互联网＋政务服务”的深化运用，极大地增强了群众的获得感和幸福感。群众真切地看到、感受到改革的成果，对政府进一步深化改革自然充满了期待和信心。这既是一场制度变革，也是党政工作人员洗礼精神、锤炼作风的改革实践。而群众在这场实践中，成了改革的监督者、评判者和推动者。

“最多跑一次”改革，已成为浙江新时代引领改革风气之先的“金名片”。浙江的“最多跑一次”改革探索，现在迎来了集中发力，引发了“乘数效应”，撬动了浙江各方面各领域的改革，在诸多方面取得了重大突破，显示出巨大的示范带动效应，引领形成了浙江改革发展的新优势。

今后，利用“最多跑一次”改革契机，持续攻坚，通过制定统一、规范、透明的办事指南和流程，推动政务服务标准化、法治化，推动权力运行更加规范有序、公平透明，全面推进公共场所服务大提升，让群众和企业享受到更公平公正、更优质高效的公共服务。

“最多跑一次”改革是浙江在深入学习贯彻习近平总书记全面深化改革重要思想的基础上，对照“八八战略”中“进一步发挥浙江的体制机制优势”的要求，创造性提出的一项关乎全局的改革举措。这一改革对准发展所需、基层所盼、民心所向，是浙江落实中央全面深化改革部署的重要创新实践，也是浙江将改革向纵深推进的一块金字招牌。“最多跑一次”改革的成功实践，有力地推动了实践基础上的理论创新。

“最多跑一次”改革涉及政府治理、公共管理、地方政府创新等各领域工作，应群众需求而生，为解决问题而变，既植根于浙江行政审批制度改革形成的体制机制优势，又在价值取向、流程优化、信息共享、力量整合等方面有了新的超越，是省委、省政府向全省人民做出的承诺，体现的是以人为本，蕴含的是观念革新，推动的是转型发展，是一场从理念、制度到作风的全方位深层次变革。①

“最多跑一次”改革既创造着丰富的实践经验，需要我们认真总结提炼，也面临着许多现实课题，呼唤着理论的研究解答。各社科研究机构和高校要设立一批应用对策研究课题，围绕如何破解难点堵点、如何理顺体制机制、如何协同推进改革以及如何科学界定各部门的权力、如何创新工作流程、如何真正打破“信息孤岛”等问题，集中进行研究突破。省委宣传部、省社科联等联合举办了“最多跑一次”改革理论研讨会。

4.2.2 智慧+服务型政府建设

智慧城市建设本质目的是要实现城市的精细化管理和民生的高效服务，以及城市前瞻性规划建设和经济产业可预见性发展。展望未来，智慧城市建设会为我们解决很多“城市病”问题，同时也会为城市科学发展提供坚实保障。

---

① 赵杰:《服务型政府的新定位》,《电子政务》2004 年第 4 期,第 26—27 页。

2020 年 1 月全国暴发了新冠肺炎疫情。 为加速企业复工复产，加快疫情补贴发放，杭州市政府以为企服务为导向，统筹谋划，建立了“亲清在线”系统。 “亲清在线”系统是“最多跑一次”改革和移动办事之城建设的生动实践，是统筹建立的新型政商关系数字平台，是“一键通”的新型政商数字协同系统，系统于 2020 年 3 月 2 日正式上线。

（1）以城市大脑为依托，建设“亲清在线”系统。

“亲清在线”以城市大脑平台为基础，整合城市大脑海量数据，依托“城市大脑”中枢系统，通过流程再造、公开数据协同、在线互动，实现政府服务效能提升，构建包括企业诉求在线直达、政府政策在线兑付、政府服务在线落地、政策绩效在线评价、审批许可在线实现等五大功能。 在企业端，一家企业只需要通过一个入口，便可实现政府服务“最多点一次”；在政府端，根据业务职能，直接接入各区（县、市）和市直有关经济部门。 采用首处责任制落实企业诉求，实现政府服务更便捷、更精准、更有效，打造企业家“爱不释手、高频使用”的政商服务平台。

（2）以为企办事为导向，提供线上服务。

在新冠肺炎疫情阻击战中，杭州市建设企业复工申报平台，并首创健康码管理模式，政府和企业建立了空前紧密的联系，为建设智能互联时代亲清新型政商关系创造了条件。 2020 年 3 月 2 日“亲清在线”上线，率先开通了杭州防疫惠企“1＋12”政策 100 亿元补贴中“企业员工租房补贴”和“年税收 50 万元以下商贸服务企业补贴”政策兑付功能。 3 月 10 日，杭州市政府的 12 项惠企补贴全部实现通过“亲清在线”线上兑付。 以领取疫情租房补贴为例，按照传统方法，企业员工获得 500 元补贴，企业和个人需要提交五六个材料和证明。 “亲清在线”上线后，不需要企业和个人事先提供材料。 企业登录后，“亲清在线”平台将通过城市大脑公共数据进行比对，比对结果由企业信用担保，经企业和个人确认后，直接发至个人账户。 3 月 2 日下午，绿城物业第四分公司员工洪丽青在杭州政商“亲清在线”数字平台按下确认键，她的支付宝很快便收到了从“杭州市政府”账户直接汇入的 500 元疫情租房补贴。 这笔“点对点”在线发放的补贴，从确认到发放过程不到 2 分钟。 洪丽青连说“没想到”：“没想到政策这么好，没想到兑现这么快，没想到直接就到账了。”

（3）以数字政府建设为目标，推进“亲清在线”发展。

“亲清在线”平台是杭州帮扶支持企业发展的重要平台，是数字赋能政府服务的创新探索。杭州市以数字政府建设为目标，着力推进平台发展，在杭州疫情期间惠企政策全部通过平台实现在线兑付的基础上，拓展五个方面的建设发展。一是政企交流，从“上门收集”转变为“在线呼应”。二是政务服务，从“坐店等客”转变为“互动平等”。三是政策制定，从“大水漫灌”转变为“精准滴灌”。四是政策兑现，从“层层拨付”转变为“瞬间兑付”。五是政策效果，从“绩效后评”转变为“实时可测”。中国工程院院士、杭州“城市大脑”总架构师王坚认为，“亲清在线”是政府、企业高效协同的典范，也是政府服务企业在数字化进程中的重要标志，政府把公共服务直接办到了企业和群众手心，实现了从“大水漫灌”到“精准滴灌”的改变，政企之间真正做到了大道至简、亲清一家。

4.2.3 浙江“以人为本”为民办实事长效机制

2020 年是习近平总书记在浙江提出“建立健全为民办实事长效机制”决策部署 16 周年。截至 2019 年，浙江省领导一任接着一任干，在省一级实施了 126 项大的民生实事工程，每年全省财政支出增量的 2/3 用于民生，带来的是人民群众安全感、获得感和幸福感的不断提升，以实际行动诠释着“人民对美好生活的向往就是我们的奋斗目标”。

2004 年 1 月，习近平同志在丽水考察调研和慰问困难群众时就强调，要围绕人民群众最现实、最关心、最直接的利益，努力办好顺民意、解民忧、谋民利、得民心的好事、实事。当年 6 月，他到湖州调研时又指出，制度是带有根本性的，要使为民办实事工作长期坚持下去并不断深化提高，关键在于把制度建设贯穿到实事项目选择、决策、实施和督查考核等各个环节，形成一整套比较完善的工作运行机制。

2004 年 10 月，秋寒渐浓，在习近平同志的提议和推动下，浙江省委、省政府在全国率先出台《关于建立健全为民办实事长效机制的若干意见》（以下简称《意见》）。《意见》明确了当前和今后一个时期为民办实事的重点领域，即就业再就业、社会保障、医疗卫生、基础设施、城乡住房、生态环境、扶贫开发、科教文化、权益保障、社会稳定等十个方面。这十个方面集中了群众最关心的问题，反映了群众最直接的呼声，代表了群众最现实的利益。《意见》同时就建立健全民情反映机制、民主决策机制、责任落实机制、投入保障机制、督查考评机制做出了制度安排。紧接着，在2005年2月召开的省两会上，省政府工作报告首次提出要“突出抓好十个方面实事”，浙江每年为民办十个方面实事的温暖征程由此开启。

“十个方面民生实事”，是浙江省各地开展民生实事的“规定科目”。民之所望，施政所向，体现了民生实事这项重大制度安排的宗旨。

（1）慈溪推动居民自治“微项目”。

2018年3月18日，虞波社区景芳苑小区的业主冯国平，给社区发来了图文并茂的“试用体验报告”，对“管道81890”项目负责人邹圣水的服务赞不绝口。2018年慈溪市在虞波、舒苑、桃园江等社区试行“微项目·微自治”。“微项目·微自治”是指在社区党组织领导下，以居民需求为导向，搭建“三社联动”（“三社”指社区、社会组织、社会工作专业人才）平台，由居民开出服务单子，社会组织承接项目，以“微项目”推动“微自治”的社区治理模式。这种模式实现了社区服务由传统的“社区供给、居民接受”，转变为“社区搭台、居民决策、项目运作、组织承接、多元评估”。

（2）杭州下城区推进议事票决制度。

2018年3月以来，长庆街道创新探索百姓议事工作机制，凝聚各方力量解决疑难问题，把实事项目的决定权交到群众手中。“群众想什么，我们就干什么。”长庆街道分层次搭建百姓议事平台，组织居民群众、辖区单位、自治组织、社会组织、专家学者和媒体共同参与百姓议事工作，组建百姓议事机构、百姓议事队伍，并建立月商季审年评议事制度。社区每月组织楼道网格议事小组的百姓议事员就群众关心的热点议题征求意见、商议解决办法。每年底，街道、社区工作人员对辖区居民进行逐户走访，深入了解居民最迫切需要解决的问题。经百姓议事团反复协商、多轮筛选，并征求议事观察团、顾问团的意见后，推荐产生街道和社区实事工程候选项目。“小区管家”是长庆街道2018年确定的民生实事项目之一。在长庆街道，一半以上的小区属于无物业管理的老旧小区。原先，停车无序、绿化养护缺失、公共设施维修不到位等问题一直困扰着老旧小区居民和社区工作人员。如今，老旧小区迎来了新“管家”。在广泛征求居民意见后，街道将社区范围内的公共保洁、消防设施检查、消防隐患排除、治安巡防、秩序维护、停车管理、绿化养护、维保维修服务等 8 项服务内容整体外包，通过公开招投标，选择专业服务企业为老旧小区提供综合服务。

（3）仙居办智慧村宴。

在农村家宴中心建成前，村里的“流水宴”几乎处于“零监管”状态，既无法可依，也无标可循，露天的烹饪用餐环境更是躲不开“脏乱差”。从 2015 年开始，仙居连续 4 年将农村家宴中心建设作为为民办实事项目全面推进，累计投入财政专项资金 2000 余万元，建设家宴中心 267 家。目前，全县行政村（社区）家宴中心建设覆盖面达 63.9%（其中 A 级标准创建占比 81%），成为全省农村家宴中心建设覆盖最广、推进最深入的县。有了农村家宴中心后，传统“流水宴”才真正实现从“露天操作”到“入室办事”，农村聚餐变得更安全、更让人放心。在建设家宴中心的过程中，仙居县制定了《农村家宴中心阳光厨房（远程监控）验收标准》，明确食品清洗、切配、烹饪及餐具消毒等关键环节环境中必须安装摄像头，操作画面实时传送到餐厅显示屏、主城区 LED 大型显示屏、乡镇（街道）食安办、食药安全“智慧监管中心”等地，接受公众监督。工作人员可随机抽查“阳光厨房”，发现违规情况可保存画面、视频，方便责任倒追。在建设“阳光厨房”的基础上，仙居还将传统光纤传导的监控模式换成“无线 Wi-Fi”，确保不同信号覆盖的乡村都能实现及时传送。目前，全县家宴中心已建成“无线 Wi-Fi”阳光厨房 150 家。

（4）温州点亮城市书巢。

温州 BRT 城市书巢是全国首创的图书公益漂流项目，由温州市文明办和温州交运集团主导发起。2018 年 1 月 13 日，首批 35 个 BRT 城市书巢正式亮相。2018 年，城市书巢被列入民生实事项目，目前市区 BRT 城市书巢数量已增至 55 个。城市书巢呈红色邮筒形状，随时取阅、免费阅读。每个书巢可放置五六十本书，自愿捐赠、自由置换、自觉借还。在城市书巢的创建中，已经初步形成了长效结对机制、图书运营机制、志愿者参与机制。温州市文明办联合温州市交运集团、温州日报报业集团，精心策划活动载体，开展了征集 100 本市民最想在书巢“偶遇”的书、100 个城市书巢的温暖瞬间、100 句城市书巢的温馨留言、100 个阅读分享故事等“四个一百”活动，多渠道多形式呼吁社会各界开展捐书活动。温州市网络公益联合会志愿者们争做书巢护巢人，27 个志愿者服务单位认领了书巢，并出台了《漂流公约》，希望广大市民在取阅书籍时谨记——“你可以拿走一本你想读的书，也要记得放一本你喜欢的书”，让书籍在城市书巢中顺畅漂流，让诚信充满书巢。

（5）龙游“龙游通”。

“欢迎”，无疑是群众对政府工作认可的最质朴的表达。在龙游，32 万人共同关注着一款手机软件——“龙游通”。它不仅能让老百姓在手机上办理 900 余个事项，更能让当地党委、政府通过大数据分析，及时了解百姓呼声。2018 年下半年，“龙游通”上反映出行难问题占比很大，当地党委、政府马上研究对策、进行整改。2019 年 10 月 1 日开通了“两元一票制”城乡一体化公交，乘客成倍增加，百姓交口称赞，都说这是件大好事。截至 2019 年底，在“龙游通”上实名制注册的 14 万余人中，60 岁以上的老人占了 24.6%，已促使解决各类民生诉求 4.2 万余件。

4.3 政府治理民生实践的浙江经验

浙江一直以来都是中国改革开放的先行地，头雁精神在这片热土上发扬光大。改革开放 40 多年间创造了多个“全国第一”：第一批个体工商户、第一批私营企业、第一家股份合作企业、第一批专业市场、第一批网络市场、第一批特色小镇……浙江写下了浓墨重彩的一笔。在中国共产党的领导下，艰苦奋斗，砥砺前行，实现了“三个历史性转变”：从一穷二白到经济大省的转变，浙江国民生产总值从 1949 年的 15 亿元跃升到 2018 年的 5.6 万亿元；从绝对贫困到全面小康的转变，浙江城乡居民人均可支配收入分别从 1949 年的 116 元和 47 元增至 2018 年的 5.56 万元和 2.73 万元；从百废待兴到创新创业的转变，浙江三次产业增加值比例从 1949 年的 68.5 : 8.0 : 23.5，演变为 2018 年的 3.5 : 41.8 : 54.7。这个数字充分说明了浙江是一片创新和创业的热土。

2003 年 7 月，时任浙江省委书记习近平同志经过深入调研和思考，提出了“八八战略”——总结浙江发展的八个优势，提出面向未来发展的八项举措。从严治党、巩固和发展风清气正的良好政治生态是“八八战略”的重中之重，引领浙江不断推进政府治理的改革和建设。

2004 年，浙江省制定了“效能建设‘四条禁令’”：禁上班期间擅离岗位，擅离职守；严禁打牌、网上聊天、炒股、看电影、玩电脑游戏等影响正常业务工作的活动；严禁对管理和服务对象态度冷漠生硬、言行举止不文明及借故刁难；严禁办事拖拉、推诿扯皮、无故超时限办理等行为。

浙江省自 1999 年起历经三轮简政放权。第一轮是 1999—2005 年，以清理减少审批事项、组建行政审批服务中心为重点；第二轮是 2006—2008 年，以审批职能整合为重点；第三轮是 2009—2012 年，以创新审批方式、下放审批权力为重点。

2013 年，浙江省政府工作报告明确提出：力争成为审批事项和审批环节最少、速度最快的省份。以全面加快清理行政审批事项为起点的第四轮改革正式拉开帷幕。同年 11 月，浙江提出将“建立公开政府权力清单制度”作为重点突破的改革项目。

2014 年，浙江省在国内率先推进以“四张清单一张网”（权力清单、责任清单、企业投资负面清单、财政专项资金管理清单和政务服务网）为主要抓手的简政放权改革，转变政府职能，政府的简政放权改革步入新阶段。政府权力少了，服务多了；市场束缚小了，企业活力舒张。截至 2015 年年底，省级部门行政权力已从 1.23 万项精简至 4092 项。省级财政转移支付专项已由 235 个整合调整为 56 个。简政放权不断释放出发展新动能。浙江各类市场主体总量达到 471 万户，比上年增长 12%。通过这项改革，浙江政府有效激发了市场活力，促进了经济平稳发展；有效推动了全省供给侧结构性改革，促进了经济转型升级；有效提高了政府治理能力和政府服务水平，促进了服务型政府、法治政府建设。

2015 年 5 月 12 日，国务院召开全国推进简政放权放管结合职能转变工作电视电话会议，首次提出了“放管服”改革的概念。放管服，就是简政放权、放管结合、优化服务的简称，“放”即简政放权，降低准入门槛；“管”即创新监管，促进公平竞争；“服”即高效服务，营造便利环境。截至 2016 年底，浙江省已全面取消非行政许可类审批，全省行政许可事项减少 779 项，保留 516 项。省级层面保留行政权力 4174 项，设区市本级平均拥有行政权力 3900 项，县区平均权力数量 450 项。全省各级政府向市场、社会转移权力数万项。此外，全国第一个云端政府服务平台——“浙江政务服务网”实现了省、市、县、乡四级全覆盖，并逐渐向村级延伸。公共权力的横向配置格局进一步由政府“大包大揽”转变为政府、市场、社会多元共治，纵向配置格局由原来自上而下的层级式分布，逐渐转变为依托互联网平台的立体化网络。

2012 年以来，浙江省委、省政府先后提出“浙商回归”“四换三名”“特色小镇建设”“八大万亿级产业”等发展战略，推动人才和产业集聚，推进创新驱动发展；全面开展“五证合一、一照一码”“先证后照”等商事登记制度改革，深入推进网上审批、并联审批、模拟审批、审批中介超市等过程创新，积极提高政务服务水平，优化营商环境，着力创造浙江经济的新动力，逐渐实现由适应新常态到引领新常态的转变。

以特色小镇建设为例。2015 年浙江省政府工作报告提出，要加快规划建设一批特色小镇，超越行政区划范畴，超越通常意义上的产业发展范畴，本质上是对特定空间内各类生产要素、制度要素、文化要素的重新整合和高效利用，是对政企关系、政社关系的一次重新定义。全省建设了三批共 106 个省级创建小镇、两批 64 个省级培育小镇、首批 2 个命名小镇。从统计数据看，前两批 78 个省级创建小镇累计完成投资 2117 亿元，累计入驻创业团队 5473 个，国家级高新企业 291 家，2018 年入库税费 160.7 亿元。特色小镇已经成为浙江有效投资的新引擎、高端人才的聚集地、科技创新的大平台，特色小镇建设也已经燎原全国。

云栖小镇是杭州市西湖区计划依托阿里巴巴云公司和转塘科技经济园区两大平台打造的一个以云生态为主导的产业小镇，是一个云计算产业生态聚集地。运用大数据的计算将简单数据变成生产要素，围绕云计算产业的特点，构建“共生、共荣、共享”的生态体系。小镇园区成立于2002年8月，起初的定位是传统工业园区。2005年，园区改变定位，主导发展以生物医药、电子信息、机电一体化、新能源等为主的高科技产业和企业总部型产业。2012年10月，园区再次调整发展思路，决定把“云产业”作为未来发展的主打方向。从传统工业转型升级成科技经济，再到智慧经济，每一次定位的变化，都可以看出政府腾笼换鸟、转型升级的决心以及对绿水青山的重视。

2015年2月27日，习近平总书记在中央全面深化改革领导小组第十次会议上首次提出“让人民群众有更多获得感”的治国理政目标。2017年，浙江省委、省政府提出加快推进“最多跑一次”改革，浙江的政府治理模式转型开启了新篇章。提高获得感要求制度和公共服务的有效供给与人民群众的真实需求相匹配，“最多跑一次”真正从人民群众获得感的角度定义了改革的出发点，切实将人民群众真实需求的满足作为改革的最终归宿，倒逼政府部门从服务、政策、制度、环境等多方面优化供给，从而最大限度地释放改革红利，让人民群众有更多的改革获得感。

浙江的政府改革实践可以大致概括为三句话：对于政府既瘦身又强身，对于市场既放活又规制，对于社会既合作又扶持。全面深化改革时代的浙江实践则更加注重政府、市场、社会的有效融合与互动，致力于提高公共事务治理的有效性。无论是从“四张清单一张网”建设到“最多跑一次”改革，还是从小城市培育到特色小镇建设，无不体现了浙江各级党委、政府坚持以人民为中心，以提高人民群众获得感为目标，积极推动政府管理向公共治理转型的决心和勇气以及取得的显著成效。

5 “浙里”善治：社会治理中的慈善精神

5.1 浙江慈善事业概况

慈善事业是社会治理的重要内容，是社会精神文明建设的重要载体，是国家经济社会发展的重要力量，对于保障和改善民生、维护社会公平正义、促进社会和谐稳定、推动社会文明进步都具有重要意义。浙江具有深厚的文化底蕴和悠久的文化传统，浙江人民在漫长的岁月中，经过拼搏形成了和谐互助、重义轻利、崇德向善的精神，浙江的慈善事业不仅出现较早，且一直走在全国前列。

政策法规方面，浙江较早颁布了有关慈善的政策法规。早在1995年，浙江就发布实施了《浙江省华侨捐赠条例》，鼓励华侨进行慈善捐赠。2007年，浙江省制定颁布了《浙江省志愿服务条例》，志愿服务是公益慈善的一种重要形式，浙江对志愿服务的规范化管理对于推进慈善事业的发展具有重要作用。2008年，浙江省政府下发了《关于推动企业积极履行社会责任的若干意见》，对企业履行慈善等社会责任方面提出了要求。① 2011年，浙江发布

① 钱旭文、陈子德：《浙江省慈善事业创新发展的实践探索》，《中国民政》2015年第11期，第37—38页。

了《浙江省人民政府办公厅关于加快发展孤儿和困境儿童福利事业的意见》，率先在儿童福利慈善事业领域制定出纲领性文件，引导社会依法行善，保护儿童的合法权益。浙江省慈善事业的发展以五年规划为基础，制定发展纲要和实施意见。浙江省民政厅先后发布了《浙江省慈善事业发展指导纲要（2006—2010 年）》《浙江省慈善事业发展指导纲要（2011—2015 年）》，审时度势，为浙江省的慈善事业发展做出了明确规划，大力倡导扶贫济困的良好风尚，将慈善事业摆在重要位置。2015 年，为贯彻落实国务院《关于促进慈善事业健康发展的指导意见》精神，加快推进全省慈善事业发展，省政府办公厅发布了《浙江省人民政府关于加快推进慈善事业发展的实施意见》。《意见》指出，到 2020 年，慈善法规政策体系健全完善，体制机制协调顺畅，培育和监管制度全面确立，慈善活动专业规范，慈善行为自主高效，慈善信息公开透明，慈善理念深入人心，组织化、专业化、多元化的现代慈善事业发展格局基本形成。2016 年，《中华人民共和国慈善法》颁布实施后，浙江采取有力措施，积极贯彻落实《中华人民共和国慈善法》和《浙江省人民政府关于加快推进慈善事业发展的实施意见》，适时制定了《浙江省实施〈中华人民共和国慈善法〉办法》，结合浙江实际，大力推进“依法治善”，成立省慈善联合会，发挥行业协会行业治理职能。2019 年 1 月 1 日，《浙江省实施〈中华人民共和国慈善法〉办法》正式施行，这是《中华人民共和国慈善法》颁布实施后，我国首部慈善领域的省级地方性法规。各级党委、政府对此高度重视和支持是浙江省慈善事业发展的根本保证。

组织机构建设方面，早在明清时代，浙江多地兴起了民间慈善组织，具有代表性的有育婴堂、普济堂、清节堂等，以此扶助当时的贫民阶层，救济幼婴、老人、妇女等弱势群体，这也是浙江省最早的慈善形式。2017 年，浙江首次开展慈善组织身份认定。截至 2020 年 8 月 2 日，全省各级民政部门核准登记的社会组织总数达 76635 个，其中基金会 799 家、社会团体 28245 家、民办非企业单位 47591 家。从发展程度来看，注册公益慈善组织覆盖浙江所有县域，细分的专业型公益组织不断涌现。“从支持公益组织发展的环境来看，近年来，浙江各地以县域为单位，整合民政、扶贫办、农办、人社等多个政府相关职能部门和团委、妇联、工会等群众团体以及慈善总会、红十字会等相关部门，以贫困地区需求为导向，建立起 91 家慈善精准帮扶示范基地，调动各类社会组织精准参与公益。”①全省已基本建立起各类社会组织服务基地、服务中心、孵化基地等枢纽型机构服务体系，政府在提升慈善组织专业化扶持的同时，积极为慈善组织参与社会治理创新“搭台唱戏”。

公益慈善形式方面，浙江省通过慈善项目和公益基金等形式，积极开展慈善活动。多年来，浙江慈善事业在发展中，涌现出一大批品牌基金会，如阿里巴巴公益基金会、微笑明天基金会、浙江省妇女儿童基金会等，同时也创立了许多品牌慈善项目，如爱心书包漂流项目、焕新乐园项目、微笑公益项目等。随着互联网社交媒体的发展、智能手机与移动支付的普及，人们参与公益活动变得越来越便捷，浙江慈善事业充分利用互联网技术的先发优势，体现了“互联网+”的发展模式，慈善组织通过互联网发布募捐信息，运用大数据、云计算等技术创新公开募捐活动的载体和形式，社会公众以电子支付或者其他合法的虚拟形式开展捐赠。互联网也极大地降低了公益慈善组织的服务成本，使慈善分工更加鲜明，推动了慈善组织的专业化和公益慈善形式的便捷化，更好地推进了慈善事业发展。

5.2 社会治理中的慈善精神

5.2.1 政府治理中的慈善理念

“治国有常，而利民为本。”全心全意为人民服务是我们党的唯一宗旨，是我们党一切工作的出发点和落脚点。浙江省“八八战略”的精神实质，就是聚焦如何发挥优势，如何补齐短板，推动浙江全面协调可持续发展，让浙江人民更好地享受改革开放的成果，拥有更多的获得感。2004 年，浙江省委、省政府制定出台《关于建立健全为民办实事长效机制的若干意见》，着力解决老百姓反映强烈的就业再就业、社会保障、科教文化、医疗卫生、基础设施、

① 杨建华:《浙江慈善事业发展报告(2019)》,社会科学文献出版社 2019 年版。

城乡住房、生态环境、扶贫开发、权益保障、社会稳定等十大民生问题，并纳入每年的政府工作报告。

习近平总书记指出，要把“是否促进经济社会发展、是否给人民群众带来实实在在的获得感”作为改革成效的评价标准。2003年以来，对照服务型政府的建设理念，浙江根据党的十六大特别是十六届三中全会提出的“五个统筹”“五个坚持”的要求，在全国率先建立了公共服务体系框架，服务型政府建设取得实质性成果。围绕服务型政府的理念，浙江省政府改革的方向始终如一，改革的积累效应明显。尤其在“放管服”领域，从规范行政审批服务、减少审批事项、改进审批方式入手，再到积极推进行政审批服务标准化改革，一直到近几年“最多跑一次”改革由地方探索上升为顶层设计，由单项改革发展到撬动全面深化改革，形成了推进政府治理现代化的浙江样本，改革效果叠加，不断深化。

政府善治就是“政府与社会、政府与公民、政府与市场对公共事务的互动合作管理，是国家与公民社会的一种宽容为本、合而不同、合而共生的互促互进关系，是两者关系的最佳状态”，其实质“是国家公共权力与公民基本权利的和谐互动，发展趋向是国家公共权力向公民社会的个人基本权利转移，即还权于民，权为民所用”①。浙江省政府在进行社会治理时，将“善治”理念深入人心，在抓牢经济发展的同时，对从业者和经商者也有一定的扶持机制，为其解决各类民生问题，帮助人民群众共同创建美好生活。通过对义乌优秀工商业者口述史的研究，我们了解到义乌政府不仅恪尽职守，执政为民，做好政府的本职工作，讲究为民办事的高效性和责任性；同时，作为一个民营经济发达的地区，义乌市政府积极探索民营企业家帮扶机制，为其提供免费培训、志愿服务活动等。

浙江省提出的“最多跑一次”改革，是中国经济社会发展进入新阶段背景下，对提升政府治理能力和治理水平的积极探索，是地方政府寻求“善治”的新的实践。被访者04是在义乌经商的河南籍企业家，曾参与浙江省“最多跑一次”立法工作，对政府服务有着较为深刻的认知。

---

① 吴兴军:《政府善治视阈下的公民问责》,《科学社会主义》2009年第3期,第75—77页。

被访者04:我感觉我们义乌市的政府特别开明,特别无私,特别包容外地人。这些理念我觉得第一的话,可能就是响应国家号召,国家其实很多文件讲的就是怎么为老百姓服务,这方面义乌做的是很到位的。比如垃圾分类方面,义乌就是积极响应的,我作为政协成员有去学习和参观,义乌真的能把党中央的文件做到极致。有时候一些国家领导人来参观,他们就表示义乌是可以作为典范的,在全省的成绩都是很突出的。我参与了浙江省“最多跑一次”立法工作,也提了一些意见,所以这件事情我还有点自豪。我感觉义乌与别的地方相比,可以更快落实你反映的事。再如像我们老百姓,会经常跟义乌街道的工作人员打交道,他们领导也会经常下来走走看看,问一下我们的需求,别的地方我觉得是很少有的。没来义乌之前,我觉得这些领导都应该是坐在办公室里面的,我们想见他们是不容易的。我发现义乌领导都是走出去的,还经常开座谈会,让我们去聊一聊需求。我觉得如果一个政府是真心实意想为老百姓办事的,他们肯定是会走出去的,这样才能知道老百姓需要啥,对不对?在别的地方,办个营业执照都要我们去拜访的,感觉不一样。义乌的政府人员经常会出国考察,政协有了好的建议,我们都会写提案。义乌政府也很快就采纳了。

访　　问:政府善治的本质是国家与社会或者说政府与民众之间的良好合作。只有深入群众,了解群众,才能更好地为民办实事。义乌政府的这些做法,无疑是“善治”的体现。

被访者04:义乌政府很包容,他给你提供地方免费做生意、免费培训,经常组织一些座谈会,每年街道还会派党员志愿者给我们打包发货。这种现象在别的地方,我是从来没有见过的。还有房租补贴方面。所以我觉得政府在各方面都为我们提供服务,确实为我们服务的。

义乌政府是真正为我们服务的政府。以前我觉得党和国家为人民服务都是空话，但是到义乌以后我觉得他们确实是在为民办实事的。

政府对我们这些外来商户支持还是蛮大的，很多业务排在本地人之前。政府经常会牵头举办一些活动，比如培训，我现在是青云留学的创业讲师，我觉得我来的时候，街道给了我很多帮助，所以我现在也想去帮助别人。

5.2.2 浙商企业的慈善信念

习近平总书记曾指出："市场活力来自于人，特别是来自于企业家，来自于企业家精神。"近年来，在浙江这片富庶的土地上，慈善事业不断发展。作为民营经济发达地区，浙江一批民营企业和商人纷纷投入公益慈善事业中来。浙商的企业家精神内涵包括精益求精的工匠精神、敢为人先的创新精神、诚信和谐的信义精神、善治善行的济世精神和奋发图强的进取精神，浙商早已把善行文化融汇于心，在经商过程中不断发扬自身善行文化。浙商不仅在经济领域有着傲人的成绩，还不断履行自身的企业社会责任，在推进现代慈善事业发展的过程中做出重要贡献。从华立集团董事局主席汪力成发起设立浙江绿色共享教育基金会，到奥康集团董事长王振滔慈善基金会通过微博发布爱心助学征集令，再到阿里巴巴公益基金会获批，越来越多的浙商正在加入公益慈善的大军中来。目前浙江已经成立马云公益基金会、正泰公益基金会、浙江华策影视育才教育基金会等，由浙商牵头成立的基金会已有近百家。

与此同时，浙江正在建立一种全新的慈善模式——"互联网＋公益"，许多企业也率先加入这一领域，开创自己的公益慈善平台。《浙江慈善事业发展报告（2019）》显示，随着互联网技术的发展、智能手机与移动支付的普及，人们组织或参与慈善活动变得更加方便快捷。互联网已深刻改变了社会公众对慈善的认知、态度与行为方式。诞生于杭州的互联网慈善平台淘宝"公益宝贝"仅2018年前7个月，就有超过151万商家参与，超过3.5亿用户支持，购买达到39亿人次，善款总额达1.76亿元。还有支付宝蚂蚁森林等公益行动，将合理消费、健康生活和环境保护结合起来，既丰富了慈善参与场景，也让平台方、捐赠方、接受方、受助方的联系更加紧密，增加了慈善的透明度及有效性。

义乌作为世界商人聚集地，涌现出一大批热心公益慈善事业的企业家，他们共同成立俱乐部，互相交流做公益的经验心得，引领公益潮流，激发百姓参与公益的热情。被访者 05 是在义乌从事珠宝贸易生意的马来西亚籍外商，是义乌某珠宝有限公司董事长，扎根义乌多年，在生意慢慢走上正轨之后，他将大部分精力都放在公益事业上，不仅自筹资金设立公益机构，还经常组织无偿献血、慰问低保户等公益活动，举办过的公益活动达百余场，捐赠物品总价超过百万元，直接受益群众达上千人次。

被访者 05：2015 年，义乌市商务局成立了“世界商人之家”，这对在义乌的外国人来讲是最有意义的一件事。“世界商人之家”下面设有 4 个俱乐部：第一个是决策咨询俱乐部，有意见建议可以反馈；第二个是运动俱乐部；第三个是丝路文化俱乐部；第四个是旭日公益俱乐部。在义乌，来自全球的商人有 2 万人，义乌市政府希望他们在做生意之余多一些交流，做运动，做公益，学学中国的琴棋书画。发展到今天，应该有 12 个俱乐部了。俱乐部越分越细，这一点也是非常明智的。政府的最新通知、政策也可以通过俱乐部传达，更有效果。义乌市每一届人大都设有外国人旁听席。人大一开幕，马上会有一个旁听外籍人士交流座谈会。交流会上可以畅所欲言，把想说的讲出来，这是每一年在义乌的外国人最期盼的事情。

中国人和我们都是黄皮肤的人，我们骨子里乐善好施。当时商务局找我是郭美美事件影响最大的时候，红十字会内部出问题了，把中国慈善总会拉出来，也出问题了。当时大家不愿意也不再相信公益，那个时候让我做公益，我压力很大。我的库存资产都在义乌，那我如果做公益，会不会像郭美美那样？一届三年，我连任过一次，这之间我辞职过两次都没成功。第一次来了两个局长，第二次来了四个局长

> 做我的思想工作，然后我就一直做到现在。义乌现在有200多家公益组织，唯独我们一家是政府四套班子的领导都来过的。这5年来我立了很多奇葩规矩。第一，每年政府资助的20万元，我不领。只要我在任，就绝对不拿政府一分一厘。第二，绝对不拿社会一分一厘。任何我邀请进来成为旭日公益俱乐部成员的人都不允许在微博、朋友圈发一张照片，哪怕是我的亲戚、同学现在生病了什么的参加轻松筹、众筹水滴筹等。第三，绝对不允许拿赞助商一分一厘。比如，大型上市公司上市要合作放公司名称，是绝对不允许的。第四，用的钱只能从我们成员自己的口袋里拿出，而且要亲力亲为。比如，我们有一场活动有260位老人，只要在我的群里发布消息，基本上3小时就截止捐赠了。在这3小时里会有人自愿去捐赠。捐赠物比如大米，市场价20元封顶，你就不能报30元，钱绝对不允许虚报。第五，整个俱乐部不得出费用。我们没有秘书、助手，雇人的话要花钱的。所以你在我的朋友圈看到的每一个计划书、报告都是我自己亲手操刀。旭日一路走来，影响越来越大，钱要用到实处。

参看被访者05对从事慈善事业的理解，我们不难发现，他对慈善事业有着很强的使命感、认同感，并且他投入慈善事业的方式具有以下特点：第一，有政治—社会视野，他认识到政府从事慈善事业与企业和个人的差异与边界，不动用政府、社会的一分一厘，积极动用自身资源做公益，实现公益的完全性；第二，充分发挥企业家俱乐部的社会资本，拉动身边的人都参与到公益慈善事业中来，扩大影响力，保障公益慈善的普遍性；第三，有很强的财务风险意识，亲力亲为，维护公益慈善的公平性和公开性。

谈及热心公益的原因，被访者05提出因为环境影响个人，因为义乌是个包容性极强的城市，在做公益的过程中自己也有一种荣誉感，这激励着自身在公益这条道路上走得更远。

5.2.3 党建引领基层治理中的慈善精神

“枫桥经验”是党建引领基层治理的典范，作为“枫桥经验”的起源地，浙江省根据形势变化不断对“依靠群众就地化解矛盾”的“枫桥经验”赋予其新的内涵，使其成为全国政法综治战线的一面旗帜。基层治理从发展导向的治理向多元主体协商治理转变，激发基层主体活力，调动各种主体参与的积极性。健全为人民执政、靠人民执政各项制度，就是用制度把党的宗旨固定下来，把党全心全意为人民服务的宗旨制度化。党的十八大以来，浙江把创新发展“枫桥经验”贯穿于平安浙江、法治浙江建设始终，坚持党建引领、人民主体、“三治融合”、共建共享，使“枫桥经验”的内涵不断丰富、功能不断拓展、效果不断显现。

党建引领是新时代“枫桥经验”的政治灵魂，反映了新时代“枫桥经验”的本质特征。通过党建引领，强化基层党组织的动员组织能力，搭建起联系群众、服务群众的新平台。通过自治、法治、德治“三治融合”的社会治理创新，既传承了我们党依靠群众、发动群众的精髓，又赋予其新的时代内涵，既满足了人民不断增强的参与社会事务的愿望，又构建起化解社会矛盾的立体网络。

随着互联网应用的越来越广泛，浙江省开创的“网上枫桥经验”成为新形势下网络治理的典型样板。2016年浙江省就开始了“互联网＋社会治理”的探索，在普法和舆情管控、预防和打击违法犯罪等领域都取得了显著成效。今天，通过在线平台精准调解、智慧大脑精准跟踪、微信矩阵精准摸排，已经成为“网上枫桥经验”开创出的党建引领基层治理的新模式、新路径。被访者06是义乌某行业商会会长，在义乌经商多年，其认为不断上涨的房租是当前行业发展最大的制约，当地政府为了减轻经商者的负担，实行减免税收政策，并利用互联网方式提供便民服务，让经营者足不出户就能申报减税，享受福利政策，是地方政府积极探索党建引领“善治”的又一新途径。

被访者06：义乌源源不断地创新出产品，这些好的设计元素也好，产品质量也好，跟地方的营商环境肯定有关系。义乌的先进表现在哪里？政府减免税收，我们自主申报，月营业额低于10万元的，会有一个免税。而且这个申请手机上就可以操作，不用到税务局，都在App上操作就行了。

李书记在前两天的大会上说，义乌政府是一个愿意干事情的政府，是从上到下都愿意干事的。再就是政策这一块一直在根据市场的实际做调整。义乌没有资源，也没有什么其他的东西，只有一个市场，在这样一个经商环境下，政策的影响是非常大的，所以现在政府在不停地为进口商品这一块争取政策。

5.3 经验模式总结

善治是一种多元治理、和谐治理的社会形态。善治不仅是社会治理中体现的慈善精神，从广义上来讲："善治是政府的政治权利、企业的经济权利和公民社会权利良性互动过程。善治就是使公共利益最大化的社会管理过程。善治的本质特征，就在于它是政府与公民对公共生活的合作管理，是国家与公民社会的一种新颖关系，是两者的最佳状态。其管理机制所依靠的不再是政府的权威，而是合作网络的权威。其权利向度是多元的、相互的，而不是单一的和自上而下的。"①中华人民共和国自成立以来，浙江一直在基层社会治理和地方政府创新方面积极探索实践，涌现出许多对全国都产生示范效应的经验。从1963年绍兴诸暨枫桥镇的"枫桥经验"到2007年舟山普陀的"网格化管理、组团式服务"，杭州的"开放式决策"，再到2017年以来台州路桥、温州乐清等多地共同推行的"平台驱动的全科网格"，浙江的社会慈善治理体系一直走在全国前列。

浙江慈善事业在发展的过程中，多元主体参与是关键，浙江党委政府、浙商企业、社会各界积极参与慈善事业。浙江各地政府因地制宜，发展有利于

---

① 国际行动援助中国办公室编译：《善治：以民众为中心的治理》，知识产权出版社2007年版，第137页。

本土的慈善理念，制定各项利民措施，保障民生。浙江 2015 年政府工作报告任务清单中指出，要“积极推进社会事业发展和社会治理创新，切实增进民生福祉”①。浙江各地政府从多方面展开行动，实施更积极的就业政策，提供免费就业培训和就业援助，完善养老、医疗、工伤、生育、失业保险等制度，建设新型社会救助体系，进一步完善为民办实事的工作机制。浙江在全国率先建立了公共服务体系框架，服务型政府建设取得实质性成果，形成了推进政府治理现代化的浙江样本，为政府治理创新和职能转型提供了新空间和新范式。“最多跑一次”改革进一步推动了浙江政府走上数字化转型之路。2017 年 1 月，省政府工作报告正式提出加快推进“最多跑一次”改革，之后一系列改革创新工作依次展开。“最多跑一次”改革是浙江深入推进“互联网＋政务服务”的改革举措。“2017 年浙江省《政府工作报告》中‘最多跑一次’以响亮的口号，向群众展示了党委、政府服务方式的技术进步，探索了一套比较有效的工作机制，由企业、群众来定义政府改革的内容、评价政府工作的成效。”②“数字政府”不仅成为各级政府和部门治理能力现代化的有力抓手，更让百姓享受到了“数字化”带来的福利。

浙江民营企业作为慈善事业的主力军，是各级慈善组织筹集善款的重要资金来源。随着社会经济的发展，浙江民营经济也呈现出良好的发展态势，许多民营企业家的价值取向也有了新的调整，积极投身慈善事业回报社会。“浙江民营企业家的慈善行为有许多种：有些是向各地慈善组织捐款捐物，支持社会慈善事业的发展；有些是成立各种基金会，对企业内部和社会有特殊需要的人进行定向帮助；有些是致富后对家乡父老和曾经帮助过自己的地方或群体进行反哺报恩；有些是为周边的慈善氛围所感动和影响，在力所能及的范围内出钱出力。”③近些年，互联网行业的发展也影响着民营企业参与慈善的形式，民营企业的慈善行为也要随着时代的发展不断改革创新，扩展思路，建设品牌，这样才能不断地把企业做大做强。

---

① 《2015 年政府工作报告任务清单》，《领导决策信息》2015 年第 Z1 期，第 40 页。

② 兰建平：《寻求浙江“善治”新模式》，《浙江经济》2020 年第 1 期，第 19 页。

③ 任春晓：《浙江民营企业家慈善行为的社会要素分析》，《中共宁波市委党校学报》2010 年第 2 期，第 33—38 页。

善治是社会治理现代化的必然要求，经过长期的探索和实践，浙江已形成多元社会治理格局，核心为党的领导，党的领导是具体的而非抽象的，浙江嘉兴市、金华市等多地已在党委设立专门的社会治理工作部门，即社会工作委员会，具体负责协调和指导社会治理工作，研究提出社会治理工作规划、政策措施和实施方案，承担城乡社区建设、社会组织建设和社会工作人才队伍建设的指导、协调、督促和综合管理工作。牢固树立以人为本、执政为民的理念，把解决民生问题放在突出位置，建立健全为民办实事的工作机制。

总结浙江经验，构建多元主体精细化参与社会善治的格局是一个需要在实践中不断探索和回答的历史课题。在这一过程中，必须始终不渝地加强党的领导，使社会治理创新沿着正确的政治方向前行；必须强化政府责任，切实转变政府职能，强化简政放权改革，加大对基层政府和基层组织的支持，维护公平正义和社会稳定，实施“互联网＋社会治理”，开创出善治的新模式、新路径；必须强化社会协同，继续大力培育社会企业、社区组织、专业社工等自治力量，鼓励社会参与，推动社会治理走向善治。

6

"浙里"健康：开启全民健康新前景

人民健康是社会文明进步的基础，拥有健康的人民意味着拥有更加强大的综合国力和可持续发展能力。近年来，我国高度重视健康事业的发展，随着"健康中国"口号的提出，健康更是上升到国家战略的高度。健康中国是全面建成小康社会、基本实现社会主义现代化的重要基础，是全面提升中国民族健康素质、实现人民健康与经济社会协调发展的国家战略。2016 年 8 月，习近平总书记在全国卫生与健康大会上发表重要讲话，清晰指出"健康是促进人的全面发展的必然要求"，"没有全民健康，就没有全面小康"。推进健康现代化建设，是全面建成小康社会、基本实现社会主义现代化的重要基础。2016 年 10 月《"健康中国 2030"规划纲要》颁布，提出"共建共享、全民健康"是建设健康中国的战略主题。为深入贯彻和落实习近平总书记在全国卫生与健康大会上的讲话精神和《"健康中国 2030"规划纲要》，浙江省委常委会做出决策部署，仅用时 3 个多月就完成《健康浙江 2030 行动纲要》的编制工作，为卫生强省和健康浙江的建设工作明确了方向。2018 年 4 月，时任省长袁家军在浙江省委、省政府健康浙江建设领导小组第一次全体会议上再次强调，要扎实推进实施《健康浙江 2030 行动纲要》；此外还进一步指出全面实施"大健康"战略，高质量高水平建设健康浙江，实现"健康服务高质量、健康产业竞争力、健康事业现代化"，打造健康中国省域示范区。2019 年 7 月，健康中国行动推进委员会发布了《健康中国（2019—2030

年）》，更进一步明确了健康中国行动考核框架。

在国家政策的积极号召下，浙江坚持以“八八战略”为总纲，按照“秉承浙江精神，干在实处、走在前列、勇立潮头”的新要求，依据自身发展优势，找准人民群众对健康的需要，统筹解决人民群众关心的健康问题，建立覆盖全体居民的基本医疗卫生制度，促进健康文化教育的普及，提高居民的健康素质，培养健康营养的饮食习惯，营造健康良好的卫生环境。

6.1 从疾病治疗到全民健康

6.1.1 以治病为中心到以人民健康为中心

2016 年，全国卫生与健康大会上提出，要树立大卫生、大健康的观念，把以治病为中心转变为以人民健康为中心。 2017 年，党的十九大报告再次提出，人民健康是民族昌盛和国家富强的重要标志。 要完善国民健康政策，为人民群众提供全方位全周期健康服务。 我国向全世界宣示：中国政府和中国社会正在积极融入“大健康”的国际共识。 我国自古以来就有“治未病”的思想理论，最早源自《黄帝内经》中的“上工治未病，不治已病，此之谓也”。 但是，在健康意识上，人们多注重疾病治疗，忽视疾病预防同样是疾病管理的重要一环；在信息技术创新上，时常会发生数据不对称现象，疾病难以有效及时治疗把握；在医疗硬件设施上，技术条件难以处理当前的疑难杂症。 随着人们对疾病认识的逐渐深化、医疗技术创新发展以及人们对美好生活质量的追求，人们开始关注并试图了解应对疾病预防和后期保健的相关内容，针对因不健康不合理的生活方式引起的健康问题及时制止，国家大力推进“以治病为中心”到“以人民健康为中心”，为人民群众提供全方位、多领域、多维度的健康保障，营造共建、共创、共享、共赢的新格局。

6.1.2 从疾病管理向健康管理转变

随着信息化技术的发展和人口老龄化进程的加快，传统的以疾病管理为主的诊疗模式已经无法解决多样化健康发展需求和不平衡不充分的卫生医疗资源之间的矛盾，以健康管理为主的模式逐渐兴起。 健康管理是对个人或群体进行健康全面检测、分析、评估、提供健康咨询和指导，以及对健康危险因素进行干预的全过程。① 美国是最早出现健康管理模式的国家，实行的是以商业保险为主的医保体系，这种医疗模式为美国健康管理创造了有利条件；② 日本科学健全的分级诊疗体系以及推行的国民健康教育等条件有利于健康管理的发展；③芬兰从 20 世纪 70 年代开始，逐步探索出一种通过改变人群生活习惯、发挥基层社会卫生服务组织的预防功能、从源头上降低疾病危险因素的新型健康管理模式。④

西方国家发展健康管理模式已有 30 多年的历史，对于中国的健康管理模式具有一定的借鉴意义。 当前中国人民健康面临新的问题和挑战，一方面，老龄化加剧，老年人心血管、高压病、心脏病、癌症等慢性疾病凸显，医疗卫生资源消耗大，社会负担加重；另一方面，不健康不合理的生活方式，例如酗酒、抽烟、不正常的作息时间、暴饮暴食等导致健康疾病凸显。 此外，过去我们常常忽视的心理疾病（抑郁症、焦虑症、癔症等）得到了越来越多的社会关注。 相较于中国，西方国家有着较为完善的医疗保险体系、健全的分级诊疗体系和疾病预防管理体系等。 中国正处于发展的转型期，政府逐渐从市场主体之一转化为市场监督者；同时，作为第三方的医疗保险机构充分发挥作用。 除此以外，积极提高人民疾病预防和后期保健意识，把“治未病”落到实处。 由此，在强调健康卫生现代化的 21 世纪，人民积极促进从疾病管理向健康管理转变，提升社会整体健康卫生水平。

6.1.3　从“没有全民健康，就没有全面小康”到健康中国战略

推进健康中国建设，凝聚着以习近平同志为核心的党中央的深邃思考和

---

① 张艳丽、吴先迪、褚昀赟、陈瑜、黄英：《我国健康管理模式发展现状》，《公共卫生与预防医学》2014 年第 1 期，第 78—80 页。

② 刘瀚洋、穆云庆、冯泽永：《美国管理型医疗对我国社区健康管理的启示》，《医学与哲学(A)》2015 年第 9 期，第 74—77 页。

③ 崔晶晶：《日本国民健康管理探析及借鉴》，《经贸实践》2018 年第 16 期，第 341，343 页。

④ 金彩红：《芬兰健康管理模式的经验》，《中国卫生资源》2007 年第 10 期，第 312—314 页。

长远谋划，早在 2014 年 12 月，习近平总书记考察江苏镇江时就强调“没有全民健康，就没有全面小康”，保障人民健康是全面建成小康社会和人类社会发展福祉的永续追求，疾病是贫困的主要原因之一，也是奔小康的重要障碍之一。贫困和处于社会边缘地位的人们，比社会地位较为优越者更容易患病和死亡，通过了解社会健康多重因素，能够引导政策去提升整个人口的健康。2020 年是全面建成小康社会目标实现之年，是脱贫攻坚收官之年，增进并保障人民健康对可持续的经济社会发展至关重要。

党的十八大以来，以习近平同志为核心的党中央坚持以人民为中心，把人民健康放在优先发展的战略地位，树立“大健康、大卫生”理念，提出新时期卫生健康的工作方针，发布了《“健康中国 2030”规划纲要》，将健康中国上升到战略高度。推进中国健康战略，是实现中华民族伟大复兴、建设社会主义强国的必然要求，是全面提升中华民族健康素质、实现伟大中国梦的坚强支柱，是全面建成小康社会、基本实现社会主义现代化的重要基础，是实现我国经济高质量发展、推进人民健康与经济社会协调发展的重要战略。

总之，推进从“没有全民健康，就没有全面小康”到实施健康中国战略是时代发展的必然趋势，同时体现了政府在健康中国战略下的时代内涵以及重视人民健康的使命感，把人民健康放在优先发展的战略地位，把健康发展观逐步融入各级政府的执政理念中。浙江省作为模范先锋省份，近年来在健康治理方面有着不小的成效。如 2018 年 3 月，“最多跑一次”被正式写入李克强总理的政府工作报告中。2018 年 4 月，浙江省人民政府办公厅印发《浙江省医疗卫生服务领域深化“最多跑一次”的改革行动方案》，推出包括挂号、付费、检查、住院等方面的利民便民举措。政府始终把人民的利益放在最高位置，坚持为人民服务，贯彻落实健康中国战略。

基于对卫生健康政策的梳理，我们了解到，党和政府积极促进卫生健康事业的发展，推动卫生健康工作重心由“以治病为中心”向“以人民健康为中心”转变，公共卫生健康内容从疾病管理向健康管理转变，公共卫生健康目标从“没有全民健康，就没有全面小康”向健康中国战略转变，努力将健康中国战略落到实处。多年来，浙江各级政府在大健康的战略背景下，坚持从“五位一体”总体布局、“四个全面”战略布局的高度来认识和把握健康浙江建设，坚持将“健康浙江”这张蓝图绘到底，不断丰富健康战略内涵，不断实践创新，为浙江的发展谋新篇，卫生健康事业得到长足发展。

6.2 “浙里”健康实践发展

浙江省一直以来都十分重视对健康战略的研究，积极提倡政府引导、社会协同、公众参与，从不同领域、不同层次、不同维度促进人的全面健康，努力构建一个自然环境和社会环境高度统一、健康资源合理配置、健康要素协调运转的社会，以期达到人们对美好生活追求的目标，以及一种人民幸福感日益增强、健康寿命明显延长、生活质量不断提高、精神世界不断富足的社会状态。健康教育是卫生健康领域中较为重要的话题，大量的实证表明，一些不健康的生活方式会导致慢性疾病，而健康教育在提升人们健康素质、促进人们养成健康的生活习惯和行为，以及预防疾病等方面发挥着重要作用，对提高人民的幸福感和提高整个社会的生存质量有着不可忽视的功能。建立健康生活对于人民的身心健康至关重要，随着经济的发展，快节奏的工作和生活卫生环境严重影响着人的健康发展，建立有序的、符合人民健康需求的健康生活，有利于满足人民对美好生活的追求。生命健康权是人们生存和发展的基本权利，建立相应的健康医疗体系，有利于切实缓解百姓“看病难、看病贵”的问题，提高人民健康水平，推动浙江省医疗卫生事业高质量发展。2005 年，时任浙江省委书记习近平同志考察安吉时首次提出“绿水青山就是金山银山”的理念，建设生态文明是关系人民福祉、关乎民族未来的大计，是实现中华民族伟大复兴梦的重要内容。城市化给人们的健康带来威胁，建立生态文明的城市环境是健康城市的基本要求，促进自然环境和社会环境和谐统一，既能改善城市环境、促进城市文明健康，又能缓解经济发展和环境保护的矛盾。

本节通过对浙江在健康管理领域的政策和实践的梳理，发现浙江省各地在健康教育实践、健康生活实践、健康医疗体系的建立和完善、健康环境营造等四个方面成效卓著。

6.2.1 健康教育实践

WHO 把健康教育定义为“一种有组织、有计划的主动学习活动，包括改善健康素养和健康知识的传播运动，以及有益于个体和社区健康的生命技能的开发”。浙江省以新时代卫生与健康工作方针为指导，按照“五位一体”的总体布局、“四个全面”的战略布局和“八八战略”的要求，提倡大健康理念，把健康融入所有政策，以健康素养提升行动为抓手，着力创造健康支持环境，普及健康生活方式，努力实现以治病为中心向以健康为中心的转变，打造高水平的“健康浙江”体系。

健康教育形式和内容多样，最为典型的是杭州市上城区紫阳街道春江社区青春健康教育服务，春江社区临江而建，内有生态型中心花园、大型景观绿化，环境优美，辖区内有娃哈哈双语学校、杨绫子学校，居民 2192 户，常住人口 4882 人。

紫阳街道春江社区以“互联网＋”为载体，以青春健康教育基地为抓手，坚持“管理三位一体、服务四方位”的工作方式，努力开拓“网格＋互联网＋大服务”的青春健康教育新局面。

案例一：让青春健康飞扬——紫阳街道春江社区青少年健康教育活动

(1)打造服务环境，健康教育全覆盖。

紫阳街道、春江社区投资 70 余万元，率先在全区建成 300 余平方米的幸福·家健康生活体验馆，着力打造青春健康教育基地。基地设置接待导览、心理咨询——花语工作室、团体培训(配有可容纳 200 人的生命影院)、幸福书屋、亲子吧、阅览室、心灵密室(倾诉秘密释放压力)、成长测评和沙盘治疗、人口文化中外青年陶艺创作坊等九大功能区的青少年健康教育中心。社区建设的青少年健康教育中心承担了青少年生殖健康、生活技能、性教育、心理咨询、文化交流、法律援助、情绪调试等教育示范功能，构筑了以青春健康教育中心为龙头、以学校教育为重点、以社会教育为辅助、以家庭教育为基础的无缝隙健康教育服务平台网。

(2)多方参与，探索青春健康教育新模式。

青春健康教育不仅仅是针对正常的青少年需求，春江社区结合辖区单位特点，与杨绫子学校、社会组织等联手为特殊的青少年提供青春健康教育服务，探索一条青春健康教育新模式。

一是联手社会组织，搭建沟通桥梁。社区引入社会组织“无障碍艺途 WABC”(无障碍艺途是一个针对脑部残疾人群绘画潜能开发课程和艺术展览项目的民非组织)，对智障孩子进行艺术潜能开发培训课程，给喜爱绘画的青少年一个展示自我、培养兴趣的机会；成立“俞林亚能人工作室”开展“点亮星光　与爱童行”“传递蓝丝带能量　关爱自闭症儿童”等系列活动，用真挚的爱与无私的关怀来帮助这些自闭症学生走出阴影，从而让他们告别自卑，树立自信；同时也为孩子们搭建一个与社会和外界沟通的桥梁，让残障孩子在阳光下健康成长。

二是注重服务实效，培育师资队伍。社区组建三支队伍，构筑服务网络。首先，组建青春健康讲师团。聘请省级青春健康教育师资 1 名，市级青春健康师资 2 名，医学、教育、心理等相关专家 5 名组成“青春健康讲师团”，开展具体的专业指导和现场授课。其次，成立青春健康专业团。以社区便民服务中心为依托，配备一支由持有社会工作师证的社区工作人员组成的管理服务队伍，为青少年健康成长提供科学专业的心理辅导、成长测评、健康咨询、宣传入户等日常业务指导。最后，构筑青春健康智囊团。发挥邻里互助和志愿服务力量，由热心青春健康教育工作的退休教师、医生、律师等 30 余名富有专长的居民组成志愿者队伍，为青少年健康成长助力。

三是找准服务定位，打造“立体空间”。社区把服务对象定位于“青少年、家庭和社会”三个维度，实现点、线、面相结合的三维服务空间。在推进青春健康项目活动中，注重将青春健康教育延伸到智障学生、流动人员、社会闲散青年等特殊群体，实现青春健康教育全员化、特色化、个性化。实施“启智计划”，青春健康教育向特殊人群延伸。以学生为“点”，注重特殊群体的青春健康教育。智障青少年与正常的青少年一样会经历青春萌动的时期，由于身心发展的特殊性，智障青少年的生理心理健康更应该受到关注。我们结合辖区实际，在杨绫子学校开展“启智计划”，一是在校内专门开辟健康服务功能区，开设青春健康教育课程，将性健康教育纳入特殊教育体系。二是针对智障孩子的年龄特点和认知水平，开展自我保护、人际交往和理性决策三大课程，用通俗生动的表述和浅显易懂的语言教会孩子如何应对青春期，如何与异性交往，帮助他们更好地融入社会；构建以杨绫子学校智障学生为“点”，以家庭成员为“线”，以社会青年及流动人员为“面”的“点、线、面”相结合的三维服务空间。根据青少年的特点和需求出发，提供以青少年青春期生理心理、性知识和生殖健康为核心内容的全员化、特色化、个性化教育和培训。

(3)畅想未来，青春飞扬。

一是注重阵地建设，强化活动体验。注重教育阵地建设，充分利用春江社区青春健康教育基地花语工作室、生命影院等设施设备，在全街道范围内开展青少年体验活动，有组织地轮流到青春健康教育基地参加活动，接受专业的青春健康教育。二是推进“网格＋互联网＋大服务”的青春健康教育新格局。社区通过网格化的划分、专业服务队伍的建立等方式，形成大事不出社区、小事不出网格的自治局面。利用新媒体、微信咨询通等“互联网＋”的方式，开设面向学生和家长的青春健康心理辅导专栏，推进青春健康教育新格局。三是引进更多的社会组织，深化青春健康品质。青春健康教育基地目前已经引进了“无障碍艺途 WABC”“俞林亚能人工作室”，社区希望在今后引进更多的专业社会组织，开展更为丰富、更受青少年欢迎的活动，形成青春健康教育全覆盖，深化社区青春健康品质，为全辖区的青少年健康成长保驾护航。

从春江社区健康教育服务的经验中了解到，春江社区实现全覆盖、多维度、多层次的健康教育普及，针对不同年龄群体、不同类型群体设置相应的健康教育服务。并且，不仅仅限于传统方式开展教育活动，在“互联网＋健康”的发展背景下，春江社区努力开拓“网格＋互联网＋大服务”的青春健康教育新局面。作为浙江省典型健康教育宣传的模范，春江社区由一元到多元，从单独发展到协同治理，联手社会组织、学校、社区、家庭共同参与，积极开展符合社会需求的健康教育活动。由此，了解到以下几点。

第一，坚持青少年的需求。春江社区教育中心针对青少年的个性化需求，承担青少年生殖健康、生活技能、性教育、心理咨询、文化交流、法律援助、情绪调试等教育示范功能。不仅如此，社区推动健康教育延伸至青少年中智障学生、流动人员、社会闲散人员等特殊群体，提供以青少年青春期生理心理、性知识和生殖健康为核心内容的全员化、特色化、个性化教育和培训，如学校开辟"沙盘诊疗和健康书吧"。邀请相关心理专家进行个别咨询和团体辅导，帮助他们更好地融入社会。通过宣传、培训、交流、座谈等形式，家长可以了解青少年身心的发展特点，树立正确的教育理念和沟通技巧。

第二，社会共同参与。社区健康教育是一项社会系统工作，政府的重视和支持以及部门的协调配合十分重要。随着社会经济的发展和人们对健康观念的转变，健康教育不再是、也不可能是卫生部门的独角戏。只有全社会共同参与，各部门综合协调，积极配合，才能使社区健康教育工作真正落到实处。在春江社区健康教育的实践中，充分针对青少年健康需求，因地制宜联手社会组织，开展关爱智障孩子系列活动，让残障孩子在阳光下健康成长，联合培育师资队伍，组建青春健康讲师团，为青少年健康成长提供科学专业的业务指导，切实找准"青少年、家庭和社会"三个维度，实现点、线、面相结合的三维服务空间，春江社区积极联合各方参与，贯彻落实健康治理理念，努力探索一个青春健康教育新模式。

第三，合理利用资源。在互联网、物联网飞速发展的时代，运用"互联网+健康"，协调管理人、财、物。不仅仅限于过去的报纸、电视、宣传标语，更要通过网络发展平台让更多的人参与了解健康教育。社区专门开通86583004热线咨询电话和亲青吧QQ群、微信群，由社区计划生育和妇女文教工作人员负责日常管理和联络。开展一对一的指导和面对面的服务，并且通过网格化的划分、专业服务队伍的建立等方式，形成大事不出社区、小事不出网格的自治局面。利用新媒体、微信咨询通等"互联网+"的方式，开设面向学生和家长的青春健康心理辅导专栏，推进青春健康教育的新格局。

6.2.2 健康生活实践

随着城市化进程的加快和社会的发展，我们的城市变得越来越现代化，环境污染，以及过量化肥、农药的使用，蔬菜瓜果有害物质超标已成为社会问题，严重威胁着大家的健康。因此，越来越多的都市人渴望吃到无污染、无公害的绿色蔬菜。特别是近年来，小区里种菜的人数不断增加，无序种菜导致居民矛盾日益突出，甚至出现部分居民在公共区域“划地盘，抢空间”。种菜本身能给城市居民增添生活情趣，给老年人带来精神寄托，还能美化环境，若能够引导居民有序种菜，才是解决问题的好办法。在此背景下，涌金门社区积极响应国家建设“健康家园”的号召，满足居民向往田园生活的愿望，将绿化和城市田园梦相结合，通过成立社会组织指导居民打造家庭“菜园”，形成“车棚、楼道、天井、阳台、平台”等五大系列菜园文化。由此引导居民在种菜中增进邻里感情，利用“健康社区”品牌，建设和谐社区。

案例二:共建田园健康之家——上城区湖滨街道涌金门社区“都市菜园”健康生活实践

(1)发现“田园”渴望,播下“健康”的种子。

首先,社区工作者入户走访,了解需求。为及时了解居民的需求,专门制作了“都市菜园”问卷调查表,对染坊弄小区 463 户居民做了入户调查,有 401 户居民表示该项目比较有意义,有 350 余户居民表示会积极参与。在走访过程中,社工明显感觉到居民对该项目的关注度、参与率比较高,具有较强的认同感,认为项目实施将会有比较广阔的前景。其次,社区成立组织,确定项目。社区广泛挖掘资源,与辖区共建单位杭州市农业局进行深入沟通,获得支持。在该局的帮助下,社区成立了涌金门社区生态科普服务社,并于 2013 年 6 月在上城区民政局注册登记,成为上城区第一家负责“种菜”的注册类社区社会组织。该组织设有法人代表 1 名,联络员 2 名,成员 20 名。其成员主要由农科院蔬菜所的专家、社区居民及社区工作者组成。组织成立后,把打造“都市菜园”作为为民办实事项目,为居民提供持续性、专业性、趣味性的家园式服务。再次,加强宣传,营造氛围。在项目启动前期,采用张贴通知、发布征集令和入户走访等形式,向居民宣传介绍“都市菜园”服务项目;待项目确立后,通过举办项目启动仪式,向居民赠送番茄、茄子、辣椒等蔬菜秧苗、种子及肥料,吸引居民广泛参与,并专门印制了种菜知识宣传册分发给居民,提高大家的蔬菜种植水平。为了鼓励上班族加入种菜的行列,社区还在“涌金红星”微博上开辟“涌金菜园”专栏,及时发布菜园信息,并解答居民相关咨询,使更多居民成为“都市种菜族”。最后,“涌金菜园”根据居民服务需求,确定了为居民提供蔬菜种植讲座、专家答疑解惑、农药检测、食品安全等方面的服务,鼓励居民在自家的庭院、阳台等空闲场地种植蔬菜。

(2)精心“田园”耕耘,捡拾“健康”心情。

一是构建网络,建立制度。加强社会组织的管理服务团队建设,设立“绿天使”技术服务队、宣传联络服务队等5支队伍,并将其组织建在社区的25个自管小组中,形成横向到边、纵向到底的“都市菜园”服务项目骨干网络。制定相应规章及会议制度,每周小组成员召开一次会议,对日常在种植蔬菜中遇到的困难和问题进行探讨;每半月召开一次小组长会议,以座谈会的形式进行小组间的交流和经验分享;每月召开一次负责人会议,对该项目的重点事项进行讨论和决策。针对少部分居民“喜好”在公共花坛内种植蔬菜的问题,社会组织与加入菜园种植项目的居民签订了“蔬菜种植公约”,让“菜民们”承诺在种植蔬菜时保证不占用公共资源、不破坏小区绿化、不影响他人生活。

二是挖掘空间,精心打造。请农科院的专家现场指导,从美观、实用两方面进行整体规划,以染坊弄5号车棚顶为试点,采用泥炭土基质无土栽培方法种植蔬菜,打造杭州市首个车棚顶菜园。目前,“菜园”里栽种了辣椒、青菜、苋菜、长豇豆、玉米等十多种蔬菜,将车棚顶打造成社区内一道靓丽的风景线。此外,以染坊弄1号楼道为试点,在1—6层的公共楼道内安装种菜设备,种植韭菜、小葱、大蒜等常用蔬菜,动员楼层内的居民认领,做好楼道菜园的养护工作,让居民不出楼道就能品尝到健康蔬菜,体验种植乐趣。

三是会员管理,激发热情。对参与蔬菜种植的居民采用会员积分制管理模式。将积极参与蔬菜种植并取得成果的居民,发展为"都市菜园"绿色基地的白金会员,将不但自己参与而且热心指导他人种植蔬菜的居民,发展为"都市菜园"绿色基地的黄金会员。白金会员可凭种植所得的成果换取相应积分,积分可换取更高档品种的秧苗或种子,并且可享受到专业技术人员定期上门指导的服务,而黄金会员将取得农科院专家重点指导的资格。截至目前,"都市菜园"已发展白金会员 232 人、黄金会员 126 人,打造家庭菜园 10 个。农科院专家还定期走访家庭菜园,将各种植物的特性、浇灌方法等向 12 户居民传授,指导他们如何栽培、养护。

(3)传播"田园"文化,交流"健康"思想。

一是丰收果实,交流幸福。9 月至 11 月是蔬菜丰收的季节,社区将陆续收获第一批"车棚菜园"产出的健康蔬菜,然后统一转送给附近居民、困难家庭等。此阶段将开展以展示"家庭蔬菜成果"为主题的各类活动,如举办"瓜果 PK"大赛,评选观赏性和食用性俱佳的家庭蔬菜,举办"蔬菜文化"摄影展,开展蔬菜交换日活动,举办邻里蔬菜宴,等等。此外,还将通过对种植能手进行宣传和召开种植经验交流会及种植成果品尝会等,进一步扩大社区居民的参与度。

二是生态之旅,体验绿色。暑假期间,社区推出了"都市菜园"生态之旅活动,组织社区青少年走进车棚菜园、了解蔬菜以及蔬菜种植的过程,有兴趣的孩子还亲手体验了种植、灌溉、收割的乐趣,让社区青少年实实在在地感受一堂生动的科普教育课。

三是推广文化,感受快乐。到 2016 年年底,社区将在辖区范围内 70%的居民家中普及家庭蔬菜的种植,在重点打造 20 户精品家庭菜园的同时,逐步向更多的家庭延伸,在社区形成楼道、阳台、平台、庭院、车棚等五大系列菜园文化,让居民在"都市菜园"里感受亲手种植、品尝有机蔬菜的乐趣,践行环保绿色、健康低碳的生活方式。

(4)体验“田园”生活,收获“健康”果实。

一是广受群众欢迎。“都市菜园”服务项目自推出以来,受到了社区居民的广泛欢迎,其关注度和参与率节节攀升。种植蔬菜的家庭已从原来的200余户增至目前的1000余户,且“菜民”队伍还在不断发展壮大。居民们在“都市菜园”里亲身感受种植蔬菜的乐趣,品尝自己种植的有机蔬菜,这既是支持低碳环保的实践活动,也是对绿色健康产品的一种追求和体验方式。

二是形成健康环境。居民们以家庭为单位,在自家的阳台、庭院、平台等处见缝插针开辟场所,根据喜好因地制宜地种植各色蔬菜瓜果,其特点为规模小、品种多、热情高;而社会组织则选择在车棚顶、楼道等不占用小区场地的公共区域成片种植蔬菜类植物,并采用科技含量较高的栽培方式进行种植,既美化了环境,提高了空气质量,又在居民中起到一个示范种植的效果。其特点为规模大、观赏性强、技术含量高。上述两种方式相结合,使社区成为一个绿色、天然、立体的菜园。

三是增进邻里感情。从增进邻里感情出发,组织“菜民”开展网上交流、网下分享的蔬菜种植、分享交流活动。网上,在“涌金红星”微博上开设“蔬菜日记”“活动集锦”“成果展示”等互动栏目;网下,开展“邻里情”蔬菜交换日、组织蔬菜义卖、免费赠送等活动,既增进了居民间的沟通和交流,也丰富了居民的业余生活,增添了生活情趣。

四是引起媒体关注。“都市菜园”启动后,通过营造绿色、低碳、环保的氛围和概念,形成了独特的都市“菜园文化”,吸引了各大主流媒体的广泛关注,《浙江日报》、《杭州日报》、《青年时报》、浙江电视台、浙江在线、杭州网等多家媒体相继进行了报道,对湖滨街道涌金门社区建设“健康家园”的创新行动予以了充分肯定。

上城区湖滨街道涌金门社区建设“健康家园”,脚踏实地走访社区,了解社区居民需求。从打造社区居民健康的生活环境和健康的生活方式角度来看,涌金门社区建立专门的社会组织,联合专家团队,在不破坏小区绿化和不影响他人生活的情况下，积极满足社区居民健康绿色饮食的生活习惯，同时鼓励更多的人参与健康家园的建立，营造了良好的菜园文化。对于青少年家长来说，该项目不仅能从小培养孩子健康的饮食理念，还能增加孩子的观察力、植物种植方面的知识以及责任感。对于老年人来说，他们在体验播种、发芽、成长、收获的全过程中收获了希望，解决了空余时间较多、业余生活贫乏、精神无寄托等问题，有利于身心健康。对于青年人来说，种菜可以缓解工作上的压力，放松心情，下班后回到家，与家人一起享受田园生活带来的乐趣。对于弱势群体而言，种菜能提高困难户、残疾人等弱势人群的生存能力及自信心，改善生活条件，减少社会不稳定因素。对于社区的保洁人员而言，大大降低了他们的工作量，为打造健康社区奠定了良好的基础。居民随手乱扔垃圾的习惯大幅度改善，曾经被高空垃圾覆盖的车棚顶也变靓了，社区的环境都整洁了不少。涌金门社区创新式的实践和经验，秉承着未来社区的发展理念，营造良好的交往、交融、交心的人文氛围，积极构建未来邻里、未来健康的社区场景。此外，我们可以从中得到以下几条可供借鉴的经验。

第一，坚持社区居民健康需求。党的十九大报告指出，中国特色社会主义新时代社会主要矛盾已经转化为人民日益增长的美好生活需要和不平衡不充分的发展之间的矛盾，健康是美好生活最基本的条件，要把人民健康放在优先发展的战略地位上。涌金门社区针对健康菜园计划，落实入户走访，实时了解社区居民的需求，把居民健康需求放在首位，与杭州市农业局深度沟通交流，成立了涌金门社区生态科普服务社，并根据居民服务需求，为居民提供蔬菜种植讲座、专家答疑解惑、农药检测、食品安全等方面的服务，鼓励居民在自家的庭院、阳台等空闲场地种植蔬菜。

第二，全员参与。社会健康治理需要建立健全社会组织和公众充分参与健康治理的制度和社会环境，党中央提出完善党委领导、政府负责、社会协同、公众参与、法治保障的社会治理体系，社会健康治理不仅依靠党委和政府，也要依靠社区组织和公民。为满足社区居民种植健康蔬菜的需求，涌金门社区实施“城市菜园”项目，成立涌金门社区生态科普服务社，在项目启动早期，通过张贴通知、发布征集令和入户走访等形式吸引居民广泛参与。在项目中期时，加强社会组织管理并邀请专家进行指导交流。

第三，制度化管理模式。为践行健康生活，涌金门社区在实施“城市菜园”项目中，实行网格化管理，建立相应的规章制度，提高项目实施效率，社区每周每月开展例会对重点事项进行讨论决策，同时对参与蔬菜种植的居民采用会员积分制管理模式，鼓励参与，激发活力。

6.2.3 健康医疗体系的建立与完善

习近平总书记强调，“要把人民健康放在优先发展的战略地位”；党的十九大报告明确指出，“实施健康中国战略，完善国民健康政策，为人民群众提供全方位全周期健康服务”。建立完善的医疗服务体系有关民生福祉，是人类社会发展的永恒议题和核心目标。自新医改实施以来，中国逐步建立了基本医疗保障体系，基本公共卫生服务水平有所提高，在一定程度上缓解了看病难、看病贵的问题。而面对人民群众日益增长的健康需要，需要逐步深化医改，走向推动健康中国的健康治理。浙江省以“八八战略”为总抓手，开启了进一步改善民生、实现省域内共享发展的顶层设计和系统谋划，以下是浙江省优秀的改革经验和举措。

（1）2019 年医改新政策。

自改革开放以来，政府在医疗卫生事业方面的投入不断扩大，医疗卫生水平和质量得到很大提升。2009 年国务院向社会公布《关于深化医药卫生体制改革的意见》，提出“有效减轻居民就医费用负担，切实缓解‘看病难、看病贵’”的近期目标，以及“建立健全覆盖城乡居民的基本医疗卫生制度，为群众提供安全、有效、方便、价廉的医疗卫生服务”的长远目标。经历近 10 年的改革后，中国又进入了一个新的改革周期，人民对健康需求出现新的变化，2019 年在新医改发展成果的基础上，国家相关部门发布医改最新政策，主要内容包括以下几方面：一是推动医疗支付改革取得重大突破，优化医保支出结构，继续提高城乡居民基本医保和大病保险保障水平；二是优化资源布局，促进分级诊疗；三是进一步完善医疗服务体系顶层设计，加快建立区域医疗中心；四是积极发展“互联网＋医疗健康”，提高医疗健康服务水平；五是同步推进医疗价格、医保支付、薪酬制度等综合改革，切实减轻群众看病负担；六是积极促进社会办医持续健康规范发展；七是加强重大疾病防治；八是推动药品采购使用改革；九是发挥好中医药防病治病的独特优势；十是加强药品疫苗、医疗服务质量监管；十一是扎实推进健康扶贫，精准补齐贫困地区健康发展短板。

在新医改的背景下，浙江省各级政府坚持以习近平新时代中国特色社会主义思想为指导，认真贯彻党中央、国务院决策部署，以更大力度、更有效的举措推进医改各项工作。2019年浙江省发布的《2019年城乡居民基本医疗保障工作实施方案》中提到，如何积极有效地落实城乡居民基本医疗保障工作。一是科学确定城乡居民医保和大病保险筹资标准。2019年城乡居民医保人均财政补助标准新增30元，达到每人每年不低于540元。2019年城乡居民医保新增财政补助一半用于提高大病保险保障能力，2019年大病保险人均最低筹资标准在2018年不低于40元的基础上增加15元，达到不低于55元。二是稳步提升城乡居民医保待遇水平。提高城乡居民医保的住院支付比例和门诊支付比例，县域内定点医疗机构政策范围内住院支付比例和门诊支付比例分别保持在75%和50%左右。降低大病保险起付线，大病保险合规医疗费用最低支付比例原则上不低于60%。三是落实医疗保障精准扶贫任务。贫困人口基本医保、大病保险、医疗救助覆盖率分别达到100%。贫困人口大病保险起付线降低50%，大病保险合规医疗费用最低支付比例在60%基础上，再提高5个百分点。四是全面实现城乡居民医保制度统一。以设区市为单位，2019年底前纵向统一制度框架。从2020年起，按照“全市制度统一、预算统筹编制、基金分级管理”的思路，用3年时间分步全面做实城乡居民医保市级统筹。

（2）小县域大医改，浙江县域医改经验向全国推广。

从2010年率先推进公立医院综合改革，到2012年开展城市优质医疗资源“双下沉、两提升”工作，从2017年启动县域医共体建设试点，到2018年全面推开县域医共体，浙江省深化医改工作一直走在前列，干在实处。浙江医改一向以务实创新著称，一旦看准，会多部门配合，扎实推进。某专家评论浙江医改称：“（浙江）不玩花招，不玩虚的，改革的细节做得不错。”以2010年在全国开始试点、2017年全面推开的取消公立医院药品加成为例，如无配套政策，这一改革会遇到许多困难和阻力，或许会导致一些医疗机构运营困难，其结果是药品费用降下去，检查等其他费用多起来，颇被人诟病。但2011年浙江借药品零差价改革的契机，率先完成医疗服务价格调整，继而走出了另一条县域医疗综合改革之路。2012年，浙江省在全国率先开展的以提升县级公立医院服务能力为主要目标的“双下沉、两提升”改革，其举措是城市三甲医院与县级政府签订协议，对县级医院实行托管模式的“医联体”改革，提升县级医院服务能力；2017年，浙江在试点县域医共体改革，将县级医院与乡镇卫生院进行整合，以此全面提升县域医疗卫生服务能力。2019年，浙江在试点基础上全面推开了组建县域医疗集团的医共体改革。目前，208家县级医院、1063家乡镇卫生院组建成161家医共体，县域医共体实现全覆盖。目前全省每月有4000多名县级医院医生在乡镇卫生院排班工作，78%乡镇卫生院（社区卫生服务中心）能开展门诊手术，38%能提供住院服务。浙江县域医改经验领跑全国，获得了国家卫生健康委和世界银行的推广。

（3）建立全省统一的城乡居民医保慢性病门诊保障制度。

浙江省将建立全省统一的城乡居民医保慢性病门诊保障制度，从方便慢性病诊疗、提高医保报销比例和药物配送服务等方面进行改革，惠及全省628万名城乡居民慢性病患者。据统计，我国慢性非传染性疾病导致的死亡占总死亡的85%左右，导致的疾病费用负担超过疾病总负担的70%。浙江省成人心脑血管病患者超过1300万人，每年因心脑血管疾病死亡约10万人。对此，浙江省的主要做法有：一是确定病种范围。12个省定慢性病病种是高血压、糖尿病、肺结核、冠心病、支气管哮喘、慢性肾脏病、慢性阻塞性肺病、慢性肝病、帕金森病、类风湿关节炎、阿尔茨海默病、精神分裂症（情感性精神病），这12个省定慢性病病种必须全省统一执行。二是确定用药范围。浙江省省定慢性病病种用药范围也将实行全省统一，只要在浙江省基本医保药品目录内的药品都在支付范围。目前，在浙江省药械采购平台上挂网交易的12种慢性病医保商品名药品有5669种，其中高血压药品1015种、糖尿病药品289种。三是一次配药量从4周延长到12周。这次新政还放宽了慢性病门诊配药时限。根据病情需要，可将慢性病一次处方医保用药量从4周延长到12周。四是报销比例不低于60%。此次城乡居民医保慢性病门诊保障制度一大亮点是完善医保定点零售药店服务机制，方便中老年慢性病患者就近购药配药。通过公开谈判，选择若干家全省性医药连锁药店集团作为第三方配送服务方。浙江预计每年全省将新增医保基金支出10亿元，政策将惠及全省628万名城乡居民慢性病患者。慢性病患者的经济负担也将大幅下降，以杭州市1名高血压患者为例，全年高血压用药费用约1万元，新政策实施后，年报销额达6000元，个人负担4000元左右。同时，群众配药更加便捷，全省将有5734家定点零售药店作为城乡居民医保慢性病指定服务药店，其中1000多家药店将提供慢性病药品配送服务。

（4）建立首个“服务＋监管”一体化共享平台。

随着互联网技术的传播与发展，“互联网＋”的力量让“一键问诊”日益普及，轻轻“一键”启动了健康浙江的新征程。2019年初，浙江省首个“服务＋监管”一体化共享平台——浙江省互联网医院平台上线。平台嵌入医疗机构、医师、护士等电子注册系统，依托实体机构和注册医务人员为居民提供可靠的服务，极大地方便了患者网上寻医问药。上线以来，平台已开展在线问诊213万余人次，在线复诊156万余人次，探索开具线上处方160万余人次。截至2019年10月，已有177家提供互联网诊疗服务的医院接入监管平台，接受实时监管。其中，39家医院开通线上护理专科门诊，已备案806位护士；72家医院开通互联网药事服务，已备案439位药师。这一数字还将不断增长。“互联网＋”出新速度，不断提升患者医院就医体验。在“最多跑一次”改革引领下，全省医院高峰期挂号现场排队平均时间已从改革前的8.21分钟减到3.81分钟，门诊智慧结算率从56.07％上升到79.08％。

（5）实现5G“遥操作”手术。

2019年6月初，工信部颁发首批5G商用牌照，标志着中国正式步入5G时代。2019年6月27日，全球范围内首例三地同步5G远程骨科机器人手术圆满完成。北京某医院院长在机器人远程手术中心，通过5G网络技术，远程操控嘉兴市某医院的骨科手术机器人，为一名腰一椎体压缩性骨折病人精准完成了手术。同时，院长一并为另一名远在山东烟台的患者实施了同步手术。不同于过去的远程视频会诊指导手术、远程手术规划，本次手术借助5G通信技术，从“遥规划”变成“遥操作”，真正实现了远程操控骨科手术机器人实时手术。此次"一对多实时手术模式"的成功，也标志着智能机器人远程手术技术正式进入临床实际应用。"互联网+"，推动了全民健康信息化的新跨越。

简而言之，浙江省在卫生医疗体系的实践，表明了以下几点经验。

第一，实时把握患者需求。浙江省根据自身发展状况，秉承公益性原则，切实把握民众健康需求，深化新医改、推进县域医共体、建立城乡居民医保慢性病门诊保障制度，努力缓解"看病难、看病贵"问题，切实保障群众健康利益。

第二，充分利用互联网资源。针对老百姓的需要，将互联网技术运用到医疗领域，开展在线问诊、远程医疗、远程会诊等一系列举措，极大地节约了时间和精力。在某种程度上，实现跨时空资源配置利用共享，大幅度提升了医疗服务水平，促进浙江改革实践始终走在全国前列，给百姓看病就医带来诸多实惠。

第三，多方利益主体合作。浙江省县域一体化改革，根据医院实际情况，将县级医院和乡级卫生院整合，进行资源共享利用，多方利益主体合作交流，提升整体医疗卫生健康水平。在"医共体"内明确职责分工，协同利益分布，政府统筹管理，各级医疗机构切实执行，共同提升县域医疗服务质量。

6.2.4 健康环境营造

改革开放 40 多年来，一方面，以牺牲环境换取粗放型经济增长带动城市化迅速发展，带来了一系列问题，影响居民的身心健康，导致大量的慢性疾病迅速蔓延；另一方面，习近平总书记于 2005 年 8 月在浙江湖州安吉考察时提出"绿水青山就是金山银山"，深入剖析了经济与生态之间的辩证发展。2005—2020 年，浙江省把美丽浙江作为可持续发展的最大本钱，护美绿水青山、做大金山银山，不断丰富发展经济和保护生态之间的辩证关系，在实践中将"绿水青山就是金山银山"化为生动的现实。卫生健康环境的发展建设有其复杂性和特殊性，由于各地的经济水平、文化习俗不同，人们对健康环境有着不一样的价值追求。在当前社会主义市场经济条件下，虽然强调营造健康的环境，但在实践运作过程中，难以真正有效地营造良好的卫生健康环境。

而在杭州市上城区小营巷社区始终秉承着爱卫精神，积极鼓励动员全体社会参与群众性爱国卫生运动，60 多年如一日的发展，爱卫精神在小营巷生根、发芽、茁壮成长，小营巷社区也从深藏闹市区的普通小巷成长为国际知名的“健康社区”。2003 年，时任浙江省委书记习近平同志实地走访小营巷，并于 2011 年专门复信小营巷社区，勉励要“把社区建设得更加美好”。从“试验田”到“示范点”，60 多年来小营巷社区秉持爱卫精神，传承、坚守、不断创新，沿着伟人的足迹砥砺前行，扎实走出了一条具有示范意义的健康之路。

案例三:从“试验田”到“示范点”——杭州市上城区小营巷社区健康环境营造

(1)理解和阐释小营巷爱卫精神,释放全国爱卫工作“能量源”。

60 多年前,小营巷因爱卫工作出色受到毛主席视察,成为全国爱卫工作典范并蜚声国内外,由此孕育而生的爱卫精神激励小营巷人推动社区健康建设不断走向辉煌。爱卫工作是小营巷的金名片,爱卫精神更是小营巷人的核心价值观,其内涵主要体现在三个方面。一是群众性。“从群众中来,到群众中去,走群众路线,依靠群众力量,发挥群众作用,激发群众智慧,推动爱卫工作成为群众自发行为”,这是小营巷爱卫精神最本质的特点。小营巷社区始终把广大人民群众作为爱卫工作的主题,以全民参与作为核心,坚持群众路线与爱卫工作相结合,深入做好群众性宣传教育工作,从黑板报、宣传橱窗到电子屏滚动宣传,再到短信、QQ 和微信,大力营造全民爱卫、全民创卫的浓厚氛围,强化人民群众对爱卫工作的政治认同、思想认同、行为认同,不断激发全民参与热情。积极动员社会各界投入群众性爱国卫生运动,从环境卫生整治到移风易俗、从五讲四美到健康城区建设、从除害防病到五水共治,始终保持人人皆知、人人关心、人人参与、人人受益的群众性卫生工作方式。二是长效性。“坚持持之以恒,强化组织领导,打牢发展基础,营造浓厚氛围,变被动为主动,变少数为大众,变突击为常态,推动爱卫工作可持续发展”,这是小营巷爱卫精神最鲜明的特点。小营巷社区始终坚持建管并重、依法治理的方针,着力于提升居民文明卫生素质，积极贯彻落实各类法律法规，坚决摒弃突击式、运动式工作模式，依法科学推动爱卫工作。注重根据不同时期不同特点，高度重视“软件硬抓”，开展各项专项整治活动，持续巩固创建成果。注重强化目标管理，常态化开展宣传教育活动、全面动手日活动、爱卫志愿者活动等工作，严格落实卫生评比、创卫考核，形成全员参与、全员共建、全员共享的长效机制。三是全面性。“紧跟时代发展，适应需求变化，在继承传统中开拓创新，在弘扬传统中丰富内涵，推动爱卫工作始终走在前列”，这是小营巷爱卫精神最突出的特点。爱国卫生工作不仅是改善人居环境卫生、促进群众身体健康的有力抓手，同时也是提升群众满意率和幸福感的民生幸福工程，是促进经济社会又好又快发展的“助推器”。小营巷社区多年来坚持将卫生工作向纵深挖掘，不断增强全民卫生意识，引导群众移风易俗、改善环境、革除陋习，在保障健康生活的同时，不忘精神文明建设；在改善人居环境的同时，同步推动健康生产，营造一个良好的生活环境、人文环境、生产环境。

(2)塑造和深化小营巷爱卫品牌，种好全国爱卫工作“试验田”。

为纪念毛主席视察小营巷社区卫生工作这一重要的历史事件，打造好全国爱卫工作这片“试验田”，自1972年小营巷56号墙门被辟为“毛主席视察小营巷卫生工作陈列馆”后，40多年来小营巷不断挖掘老物件、老故事以充实纪念馆，鞭策大家不忘毛主席的鼓励和期盼，不断深化爱卫品牌。一是人员有依靠。小营巷社区始终注重发挥人的能动作用，依靠各级各类人员推动爱卫工作。注重用好小营巷受国家和省市区各级领导高度关心的优势，把小营巷社区的创卫工作作为一项重要工作来抓，由主要领导负总责亲自抓创卫工作，加强投入，按照“严格标准，分类指导，重点突破，全面推进”的原则，提出“政府组织、社会参与、群众为主”的创建方针，形成齐抓共管的创卫模式。积极发挥卫生委员作用，从当年全程陪着毛主席视察的第一代卫生委员程瑜，到现在的第七代卫生委员徐笛风，依靠七代卫生委员认真执着的“接力”，一棒又一棒奋力传承，一棒又一棒开拓创新，从中华人民共和国成立初期除四害运动中在水缸里养鱼吃孑孓，到20世纪80年代五讲四美三热爱活动中推行“健康月”，到现在的智能化垃圾分类中的垃圾不落地行动，推动小营巷爱卫工作一直走在全国前列。善于调动大众评委参与，积极畅通渠道听取群众意见，采取召开座谈会、楼道会、个别访谈、现场办公等方式，实实在在地听取群众的建议和意见，督促和帮助居民小区建立业主委员会和居民自管小组，业主委员会和居民自管小组作为居民自管自治的平台，进一步增强了居民参与和管理小区事务的便利性，确保卫生工作的开展取得实效。充分发挥志愿者作用，60 多年来涌现出一批又一批的卫生志愿者，从用扩音器提醒大家不乱丢垃圾的大妈们，到如今的红巷卫生志愿者，他们一代又一代地把环境卫生整治这项志愿工作传承下去，铲平“垃圾山”，清除“蚊蝇窝”，改造下水道，改进防蚊设施，落实“垃圾不落地”，他们的不懈努力，带动了辖区居民自觉守护家园、爱护环境，推动小营巷社区的卫生工作持续发力，使“卫生”这个理念成为小营巷居民共同的信念。二是制度有保障。小营巷社区始终注重依靠制度机制推进爱卫工作，着力在组织领导、卫生保洁、长效保障和考核监督这四项工作上实现突破，确保爱卫工作形成长效机制。注重强化组织领导机制，成立以社区党委书记主任为组长的领导创卫班子，健全爱卫工作责任体系，把文明卫生工作纳入重要议事日程，做到业务工作同安排、同检查、同总结。建立卫生保洁制度，贯彻“三保”(保无、保洁、保健)、“四定”(定人、定时、定任务、定措施)、“三扫、二管、一监督”(早中晚打扫，痰盂、果壳箱由专人管理，群众性监督)、“五勤”(勤换衣、勤洗澡、勤剪指甲、勤理发、勤洗晒被服)、“五不”(不随地吐痰、不随地大小便、不乱丢果皮纸屑、不喝生水、不吃变质不洁食物)等要求，使之成为群众的自觉行动。落实各项保障机制，始终坚持“创卫为民”，优先保障爱卫工作人、财、物的投入，爱卫日常运作经费纳入政府年度预算，每年投入爱卫日常工作经费 10 万元。注重建立监督机制，将爱卫工作纳入社区绩效考核评价体系，不断完善管理体系、考核奖惩制度和检查评比制度，同时充分发挥好创卫网站和微信平台、爱国卫生投诉电话等作用，主动接受社会和公众监督，认真梳理群众建议，切实整改群众反映的问题，不断提高爱卫工作群众满意度。三是成效有彰显。小营巷社区始终坚持爱卫工作人人参与，爱卫成果人人共享，实现爱卫工作双丰收，主要体现在以下几点。第一，政治作用。60多年来，小营巷社区始终秉承毛主席亲临视察的红色传统和优势，做足做好做强自己的爱卫“特色工作”，时时刻刻走在全国卫生工作前列，先后四次被评为全国卫生先进单位，打响了具有鲜明特色的卫生品牌，先后受到习近平等党和国家领导人的高度关注和亲临指导。第二，环境提升。通过几代人的治理、整改，小营巷的生活环境发生了翻天覆地的改变。中华人民共和国成立前，这里垃圾成堆，污水存积，蚊蝇滋生，疾病流行；而如今的小营巷水清岸绿、景美人和，已经成为杭州市的一个重要旅游景点，每年都吸引数以万计的游客来这里参观。群众整体健康水平得到明显提升。目前小营巷共有百岁老人15人，90岁以上的766人。第三，社会价值。创卫工作不仅是落在部门身上的担子，老百姓也在创卫宣传的耳濡目染之下，逐渐改掉一些生活陋习，争当起创卫的“主角”——不乱扔垃圾、公交车上让座、邻里关系和谐、遵守公共场所秩序等文明现象延伸至辖区各个角落，小营人民高度的文明自觉在G20杭州峰会期间得到了充分彰显，多项主题活动“从小营巷出发”。

(3)发挥和用活小营巷爱卫品牌，抢占全国爱卫工作“制高点”。

自从毛主席视察的那一刻起，小营巷人就产生了一种责任感，就是要保持这份殊荣，时时刻刻敢为人先，伴随城市生活前进的步伐，以居民需求为导向，不断赋予传统的爱国卫生以新的内涵。一是以WHO(联合国世界卫生组织)为引领，健康社区建设得到国际认可。一直以来，小营巷社区的爱卫工作从环境综合整治到全民健康教育，确保常做常新。1995年9月，小营巷社区借助于地区医疗卫生资源优势，与WHO紧密合作，成功地开展了“健康教育骨干培训方法与效果研究”和“社区老年人膳食结构调查及干预对策研究”两个健康教育课题研究，取得了重要的科研成果项目，得到了世界卫生组织、国家卫生部的首肯与好评，同时推动“小营巷”这块金字招牌在全市、全省，乃至全国始终处于爱卫工作领先地位，2013年小营巷社区成功被WHO授予“健康社区”称号。二是以健康产业为推动，启动健康服务业集聚区建设。随着社会的发展，经济收入的增加，人们的健康保健意识逐步增强，小营巷社区将创卫工作的重点向健康、养生方面倾斜。通过设立健康科普一茶一坐，开设健康教育讲座，建立心理健康咨询点等做法，打造特色健康文化，营造浓厚的健康宣传环境。社区的卫生健康工作受到了中央、省、市领导的高度关注，各级领导都亲临小营巷视察指导工作，小营巷成为全国第一批健康教育示范点。2017 年年初，上城区第十届党代会确定在小营地区打造健康产业园，小营巷社区将依托浙二医院、社区卫生服务中心等医疗资源、专家资源、科研资源，以具有深厚历史文化底蕴的红巷景区“方谷园”区域为圆心，与第三方专业机构开展战略合作，精心打造 1500 平方米“健康产业展示中心”，着力推进健康服务业集聚区的规划、建设和打造工作。三是以 G20 为契机，彰显小营爱卫工作金名片。G20 峰会的召开是对杭州各项工作的一次集中检验和考验。其间，小营巷爱国卫生这块金名片得到了高度认可和彰显，多项文明创建主题活动“从小营巷出发”，向全市进行辐射。先后开展“打造国内最清洁城市——市民路长在行动”“五长五包护峰会——文明创建从小营巷出发”等主题活动。对辖区道路实行“一路一长”管理，通过发现问题、督促整改、现场复查的循环督查模式，建立制度化、精细化、常态化的“路长制”管理机制。成立了居民党员“楼道长”、机关党员“街巷长”、社区党员“网格长”、团员青年“车站长”、妇女党员“阳台长”五支队伍，全面启动“五长五包”制度，拉高标杆，开展文明劝导、创建美丽上城、平安护航 G20，为实现“十三五”精彩开局、服务保障 G20 峰会交上了一份满意答卷。

(4)创新和发扬小营巷爱卫精神，打造全国爱卫工作“示范点”。

为巩固和提高前期创卫成果，小营巷社区紧跟时代的脚步，以打造“创卫工作示范点”为抓手，树立样板、典型引领，专项打造、以点带面，掀起创卫工作新高潮。一是发挥最美影响力，心灵美从自身做起。小营巷所在的小营街道是最美文化的发源地，自 2012 年起，街道深挖“最美小营人”“红巷老舅妈”等品牌人物，连续 5 年开展“最美小营人”

评比活动,涌现了一大批具有典型示范作用的最美人物,并持续成立小营地区自己的“最美巡讲团”,通过先进人物的典型故事在潜移默化中使人人争做最美的精神入脑入心,同时也使卫生、健康理念得到升华。近年来,小营地区最美现象不断涌现,社区15户居民自发开展“扮靓阳台”活动,倡导群众美化环境、文明晾晒,为美丽小营“锦上添花”,3800余名志愿者成立的“营火虫”联盟,全面开展文明劝导、五水共治、志愿服务、交通引导等各类型文明服务,这些典型的出现无不彰显着小营地区的文明卫生已经深入人心,镌刻在每个小营人的骨髓里。二是推动产业可持续性,优化小营产业结构。小营巷社区遵循“绿水青山就是金山银山”的理念,在历年的招商引资项目建设中,严格把好环保准入关,倾向于金融业、文化业、健康业的企业落地,使辖区企业沿着可持续发展的健康方向发展,保住了小营一片净土,优化了小营环境。通过关、停、并,优化产业结构,淘汰那些小而单一、有污染而又危险的企业,充分利用好自己现有的资源,发挥好自己的区位优势,把企业做强做大。目前,小营地区可持续发展企业共有1697家,占所有辖区企业的50%。下一步,小营将依托健康产业园区打造的战略机遇,顺势而为,全面开展招商引资大行动,以“招大商、引巨资”为目标,通过走出去,以商招商,有意向引进一批技术先进、产品科技含量高、投资规模大的健康项目入驻小营。三是助力民生大提升,环境美实现幸福安居。小营巷社区始终将开展环境整治作为推动发展、造福人民的一项重要工作来抓,在“五水共治”中,通过汇集污水井提升纳管、小型生态设备处理、化粪池改造、委托环卫站外运处理等方式抓治标,采取雨污分流改造、水质生态修复等举措重治本;建立“民间河长”队伍,引入民间力量参与治理,发动民间力量共同监督,达到净化水质、保护生态环境的目的。在环境整治中,着力打好“拆、控、用”相结合的组合拳全速推进区域内违法建筑拆除,为健康小营再添新颜。在危房整治中,重点排查辖区建筑质量差或年代久远、主体结构损坏严重、超负荷使用的房屋以及河道边等地质灾害易发点的房屋,聘请专业检测机构进行危旧房等级鉴定,遵循“属地管理、业主主体，政府协调、市场参与，突出重点、分类治理，解危优先、项目结合”的原则，全面开展危旧房治理改造工作，让老百姓真正实现幸福安居。

(5)拓展和引领小营巷爱卫品牌，建设全国爱卫工作“特色窗”。

2016 年 8 月 19 日，习近平总书记在全国卫生与健康大会上指出，“没有全民健康，就没有全面小康”，为新时期的卫生工作指明了方向。2018 年是毛主席视察小营 60 周年，小营巷社区站在新起点、抓住新机遇、抢占新高峰，全力推动卫生事业实现新突破。一是建设场馆，打造爱卫教育基地。经过 60 多年的不懈努力和积淀，小营巷社区的爱国卫生工作从众多申报单位中脱颖而出，被批准打造成全国爱国卫生运动教育基地。小营巷将以此为契机，不断加强健康卫生工作，依托“三馆两廊一园”，大力推动卫生工作内涵建设，打造健康卫生教育新品牌、新亮点。在今后的运行过程中，基地将不断优化服务程序，丰富更新健康卫生教育内容，创新健康卫生教育形式，为社区居民提供更多更贴近实际的健康教育服务，切实提高社区居民的健康卫生水平。2017 年年初开展的“老物件征集”“墙门映巷”“健康报”等系列活动，进一步激发了社区干部和党员群众的内生动力，涌现了道德模范提名奖获得者第七代卫生委员徐笛凤、最美小营人“红巷老舅妈”、“平民英雄”李兔儿等一批先进典型代表，不断向社会传递卫生工作的“正能量”。下一步，小营巷将充分发挥教育基地的实践激励、主题教育和辐射引导作用，不断提升小营巷社区卫生乃至整个杭州市卫生工作水平。二是营造氛围，系列活动掀起爱卫新高潮。一直以来，小营巷社区坚持多方位不同载体进行宣传活动，用多种形式全面扎实开展健康卫生工作，形成全民参与的良好氛围。在毛主席纪念馆内专门开辟了食品药品安全展示厅和品质生活展示厅，在小营公园一楼花厅引进健康体能测试仪，打造社区“百姓健康体能测试中心”，在小营公园内设立健康气象台，通过社区大型电子显示屏幕，每天播放健康科学的保健知识、健康科普小常识，通过趣味图片、健康授课知识扩大教育影响。除此之外，社区还在东河便道开辟了一条健康小路，以特殊的方式激发社区居民的运动兴趣,提倡通过运动健身来防治疾病。如今来小路上走路健身的人们更是络绎不绝,健康氛围无处不在。同时在广大居民中广泛征集健康格言,并邀请有关专家对征集的格言进行筛选、整理,汇编成册,部分格言已通过宣传展板在小营公园展出。三是抢占峰口,健康产业中心即将亮相。随着国家"十三五"规划的开局与"健康中国"战略的落地,大健康产业的发展受到前所未有的高度关注。小营地区舒适宜人的自然环境、得天独厚的医疗资源和底蕴深厚的社会文化环境,是发展大健康产业的核心优势所在。"十二五"期间,小营街道就已将"健康"作为发展的关键词之一,积极布局健康产业。2017年,小营地区主动借现有产业资源优势,围绕"一圆心三区域"打造健康产业平台,以楼宇经济、街巷经济为主要载体,拓展健康产业发展空间;推进健康和金融两大产业有机融合,加强健康产业众创孵化能力,形成上城区乃至整个杭州市的健康产业新高地,成为经济跨越式发展的又一新引擎。目前,小营街道已经形成了占主导地位的医疗服务业,以及作为产业链延伸的药品、医疗器械等健康产品销售业,孵化了一批健康管理、健康信息领域企业,并将健康产业与休闲旅游、康复养生有机结合,这些成绩的取得凸显了小营发展大健康产业潜力无限。

改革开放40多年来,通过牺牲环境换取粗放型经济增长带动城市化发展,造成一系列社会环境和自然环境问题,影响居民身心健康。而从上述小营巷爱卫工作经验中我们了解到,它的成功并不是偶然的,其成功最大的因素是群众,始终坚持一切为了群众,一切依靠群众,发挥群众作用。民生建设必须要以人民为中心,从居民的实际需要出发,满足人民对健康美好生活的向往。对于群众最迫切的健康需求,各个部门高度重视,正视问题,着力解决问题,发挥协同联动作用,坚持形成党委领导、政府负责、社会协同、群众参与的社会治理新格局。小营巷并不是仅局限于单个健康社区的建造,而是紧跟时代的脚步,由点及面,掀起创卫工作新高潮。抓住发展机遇,让小营巷走出去。由此,总结出以下几条经验。

第一，以居民需求为导向，不断赋予传统的爱国卫生以新的内涵。小营巷社区始终把广大人民群众作为爱卫工作的主题，以全民参与作为核心，坚持群众路线与爱卫工作相结合。善于调动大众评委参与，积极畅通渠道听取群众意见，采取召开座谈会、楼道会、个别访谈、现场办公等方式，实实在在地听取群众的建议和意见，适应需求变化，在继承传统中开拓创新，在弘扬传统中丰富内涵，推动爱卫工作始终走在前列。爱国卫生工作不仅是改善人居环境卫生、促进群众身体健康的有力抓手，同时也是提升群众满意率和幸福感的民生幸福工程，是促进经济社会又好又快发展的“助推器”。

第二，各方参与，协同合作。小营巷社区在对环境卫生进行整治，遵循“属地管理、业主主体，政府协调、市场参与，突出重点、分类治理，解危优先、项目结合”的原则，坚持“政府组织、社会参与、群众为主”的创建方针，充分将各股力量运用到实处，积极动员社会各界投入群众性爱国卫生运动，从环境卫生整治到移风易俗、从五讲四美到健康城区建设、从除害防病到五水共治，始终保持人人皆知、人人关心、人人参与、人人受益的群众性卫生工作方式。引入民间力量参与治理，发动民间力量共同监督，督促和帮助居民小区建立业主委员会和居民自管小组，业主委员会和居民自管小组作为居民自管自治的平台，进一步增强了居民参与和管理小区事务的便利性，聘请专业检测机构进行危旧房等级鉴定。

第三，将“引进来”“走出去”二者结合，有效实现内外联动。小营巷不仅仅立足于将卫生环境工作做好，更是抓住时代机遇，顺势而为，利用小营巷招牌“走出去”，全面开展招商引资大行动，以“招大商、引巨资”为目标，通过以商招商，有意向引进一批技术先进、产品科技含量高、投资规模大的健康项目入驻小营，进一步推广健康产业可持续发展，优化健康产业格局，倾向于金融业、文化业、健康业的企业落地，使辖区企业沿着可持续发展的健康方向发展。

6.3 "浙里"健康的实践经验

浙江省在卫生健康领域的实践创新，是以问题为导向、群众需求为指南，在各区域、各街道针对各类人群展开的一系列健康治理工作的基础上，逐渐形成政府主导、社会组织引领、群众广泛参与的浙江健康治理特色。相较于国内其他地区，在理论层次上，浙江省开辟了"绿水青山就是金山银山"的发展新境界，提高全省人民的健康水平；将"互联网+"应用于健康领域，提高人民健康生活质量。在实践发展上，浙江省"双下沉、两提升"成效显著，实现省、市、县级医院合作办医全覆盖，初步实现小病不出乡、大病不出县；积极开展全民健康活动，国民综合实力领先全国；建立健全为民办实事长效机制，将医疗卫生作为为民办实事重点领域之一；以治水为口子，打赢"拆、治、归"三个大仗，治理环境污染问题。在对理念进行深入学习和对相关实践案例进行深入剖析的基础上，本章认为浙江在卫生健康领域有以下几点经验值得提出，供分享和讨论，以期促进浙江后续健康事业和其他省域健康事业的可持续发展。

6.3.1 坚持以人民需求为中心

浙江在卫生健康领域的实践经验告诉我们，民生建设必须坚持以人民为中心，以人民实际健康需要为目标，满足人民对健康美好生活的向往。在大健康的战略背景下，浙江省积极打造高质量高水平的健康浙江，开创高质量的健康生活，营造高质量的健康环境，打造高质量的健康医疗卫生体系，形成高质量健康教育模式。在此过程中，浙江省尊重特定人群的特定健康需求，高度重视儿童、青少年、社区居民、慢性疾病患者、残疾人、低收入者等人群的健康需求问题。不仅如此，从时间纵向比较看，目前我国社会主要矛盾是人民日益增长的美好生活需要和不平衡不充分的发展之间的矛盾，人民的健康需求随着经济的发展、社会文明的进步，已经逐渐向着高层次水平发展。在医疗领域，不单单追求疾病治疗，而更多追求疾病的预防，宣传健康教育；

在生活饮食上，不仅要吃得饱，还要吃得健康，追求培养健康的饮食方式；在居住环境上，追求高质量的环境品质；等等，人们在不同领域维度上展现高质量的健康需求。浙江坚持以人为本，把维护人民健康权益放在第一位，立足于全人群和全生命周期两个着力点，不断完善制度、扩展服务、提高质量，着力解决群众最关心、反映最强烈的突出问题，努力实现全民健康。

6.3.2 形成共享价值观念

健康治理面临最大的挑战是各主体参与健康治理的方式及其相关问题。发达国家特别是一些欧洲国家，其卫生保健服务和健康都是基于宪法所赋予的人权以及经济学中的公共物品等概念、理论，并将其作为引领健康治理的价值规范，也称为“共享价值”。“创造共享价值”是迈克尔·波特和马克·克瑞默针对市场与社会互动关系出现的问题而提出的一个概念，试图创造在共享价值的观念下，解决和协调双方利益需求，从而创造经济和社会效益。演变至今日，无论是政府、市场还是社会，在致力于实现公共利益最大化的过程中，都需要以价值原则来衡量，政府不是简单地追求行政效率，同样要注重公平正义，社会在创造社会效益的同时追求慈善价值，市场在追求经济利益最大化时，更要从创造社会价值出发在创新中寻求最大化经济价值。因此，在相关政策的制定与实践过程中，基于所形成的共享价值理念来敦促各主体共同参与健康治理，共建美好生活。与此同时，政府统筹全局，完善社会基层组织的服务水平，加强居民参与健康治理的积极性，打造共建共治共享社会治理新格局。在共享的价值理念下，政府、社会组织、社区、群众为了应对多样化的健康需求，共同协助解决健康、营养和保健等问题。

6.3.3 建立社会协同机制

党的十九届四中全会通过的《中共中央关于坚持和完善中国特色社会主义制度、推进国家治理体系和治理能力现代化若干重大问题的决定》，要求建立党委领导、政府负责、民主协商、社会协同、公众参与、法治保障、科技支撑的社会治理体系，建设人人有责、人人尽责、人人享有的社会治理共同体。在社会治理的发展背景下，联动各方力量，正确处理好政府、社会组织、社区、公众之间的关系。在卫生健康领域，往往会涉及多方面的利益相关者，这就需要合理定位政府的治理行为，政府应有所作为，鼓励和支持社会力量参与，最大限度地激发市场活力。政府、社会组织、市场、公众要明确自己的权利和责任边界，在强调政府统筹协调责任的同时，充分调动社会组织、群众参与健康治理的积极性、主动性、创造性。最为突出的便是上文中提及的杭州小营巷社区实践，其提出"政府组织、社会参与、群众为主"的创建方针，形成齐抓共管的创卫模式，让各主体发挥积极作用。现在越来越多的国家政府积极主动地和社会组织合作，依托互联网平台，将数字化技术嵌入健康治理机制之中，动员全社会群众参与，探索出一条可持续发展的健康治理之路。

6.3.4 积极构建网络平台

浙江省作为改革实践的前沿模范省份，充分合理地利用现代信息和大数据技术构建网络平台，服务卫生健康领域。其积极作用体现在以下几个方面：一是实现跨时空资源共创共建共享，将优质医疗资源和优秀医生智力资源输送到老百姓家门口，有效地节省人力、物力、财力，在一定程度上促进、改变资源分布不均衡的情况。二是实现信息互联互通，缓解信息不对称带来的一系列问题。过去常常因为数据不对称，出现信息孤岛现象，不利于各主体之间的交流协作，在大数据背景下实现数据互联互通，有利于提升主体间的沟通合作效率。三是可利用互联网平台，公开相关数据信息。这不仅能够增加公众对政府、社会组织各主体的信任度，更能够保障公民的知情权。与此同时，政府也可通过网络平台实时了解公众对卫生健康工作的满意度，把握公众需求，以便及时有效地做好有关健康方面的应急准备。

7 “浙里”文教：优先发展文教事业，浙江交出满意答卷

东南自古繁华，浙江是一个文化灿烂、人文荟萃的地方，是一个人才辈出、大师云集的地方，它总以一种深厚的文化质感映入世人脑海。东南自古衣冠地，据统计，东汉以来载入史册的浙江籍文学家逾千人，中华人民共和国成立以来的“两院”院士，浙江籍人士占了近1/5。悠悠西湖流淌2000年，过去深深的文化根基滋养传承至今。

党的十九大从新时代坚持和发展中国特色社会主义的战略高度，做出了优先发展教育事业、加快教育现代化、建设教育强国的重大部署。浙江要结合自身发展，坚持立德树人，推进教育改革，加快补齐教育短板，加速推进教育现代化。浙江省委、省政府一直坚持树立“教育是最大的民生”的理念，始终把教育放在优先发展的战略位置，做出了在全省推进教育现代化建设的决策。

7.1 “城乡同上一堂课”

针对城乡教育资源不均衡的问题，“全面推进‘互联网＋义务教育’，推进1000所中小学校结对帮扶，城乡孩子共享优质教育资源”，是浙江省政府2019年民生实事项目之一。

根据《浙江教育周刊》2019 年 5 月报道，全省实际确定由 713 所城区优质学校与 802 所乡村学校结对，参与学校占全省义务教育学校总数的 30%。受援助乡村学校占全省义务教育乡村学校的 60%，参与结对受援的乡村小规模学校达 349 所，乡村小规模学校结对帮扶实现全覆盖。

"互联网＋义务教育"主要以城乡同步课堂、远程专递课堂、教师网络研修、名师网络课堂等 4 种帮扶形式展开。截至 2019 年 4 月底，全省各地共开展结对帮扶活动 630 多次，共有师生 5.1 万人次参与。

根据省教育厅工作安排，结对学校帮扶工作在 2019 年 5 月启动。省教育厅副厅长、省教育厅的"互联网＋义务教育"工作领导小组组长韩平在全省"互联网＋义务教育"城乡学校结对帮扶工作动员暨专项培训视频会议的讲话中说到，2021 年，全省所有乡村小学和乡村薄弱初中学校结对帮扶将实现全覆盖。

2019 年，浙江省各市通过多种形式积极开展"互联网＋义务教育"活动。据 2020 年 6 月义乌市"互联网＋义务教育"实验区建设工作会议公布，义乌市开展城乡同步课堂活动 535 次，近 5 万人次师生参与。义乌市开展远程专递课堂活动 106 次、名师网络课堂活动 74 次。同时，还录制并推广"好学义乌"名师云课，"好学义乌"名师云课共上线微课 2841 堂，在全市范围内有近 160 万浏览量。2020 年，义乌市还新增 31 所结对帮扶学校。湖州市教育局在发文中确定 2020 年度全市义务教育阶段新增 59 对结对关系，目前共有 104 所结对学校，其中乡村受支援学校共 46 所，全市义务教育乡村学校都已参与结对帮扶活动。自 2020 年开始，湖州市开展以"城乡同步课堂、远程专递课堂、教师网络研修、名师网络课堂"等为主要形式的网络结对帮扶活动。利用"之江汇"教育广场专项网络空间，湖州市正在积极探索信息技术介入下优化结对学校共同发展的模式经验。

2020 年初，浙江省各学段学校出于防控疫情考虑延迟开学。为解决延迟开学期间学生不能到校上课的问题，2 月 6 日，省教育厅发布《浙江延迟开学期间中小学全面实施线上教育教学指导意见》，明确指出要发挥浙江基础教育信息化优势，利用互联网、信息化手段，在全省各中小学校全面组织实施线上教育教学活动，改线下上课为线上上课，改在校学习为居家学习，做到"离校不离教、停课不停学”，以确保学校新学期各项教育教学目标如期实现。在宁波，“甬上云校”覆盖全年段的千余节课程；在湖州，空中课堂、钉钉直播、华数电视课堂和“之江汇”教育广场成为线上教学“四大法宝”；在嘉兴，据嘉兴市教育机关统计，“嘉兴智慧教育云课堂”开播当日课程视频点播量达 4000 万次。

教育公平的推进在线下教育中同样精彩。自 2010 年起，浙江省组织开展“百人千场名师下乡送教”活动，至今从未停歇，在促进优质教育教学资源共享与传播方面，送教活动发挥着越来越显著的作用。自 2016 年起，浙江省每年还挑选多场优质教学活动进行拍摄，制成音像课程资料，择优在浙江教育资源网、浙江教育网络电视等平台上展播。通过线上线下资源的分享，不仅使教师的视野得以拓展，也让乡村学校的学生收获了与城镇学校学生同样的优质教育资源。

中国教育学会常务副会长谭松华认为，教师是发展教育事业的根本。一直以来，造成城乡教育质量存在差距的最重要因素就是城乡教师队伍水平的差距。“城乡同上一堂课”不仅仅是简单直接地把优质课堂教学过程呈现给乡村学生，更重要的是，将先进的教育教学理念和灵活的教学方法分享给乡村一线教师，启发指导乡村教师见贤思齐，在改进提升自我的同时，为发展乡村教育培植厚土。“城乡同上一堂课”抓住了城乡教育资源不平衡的关键，这不仅是面向乡村教育的优质教育资源补足，更是针对乡村教师队伍建设的具体生动的培训工程。

7.2 家长学校

“欲造伟大之国民，必自家庭教育始。”英国教育家赫胥黎曾这样强调家庭教育的重要性。陈诗林在《家庭教育支出、父母教育期望与子女认知能力发展研究》中得出结论，父母教育期望与子女认知能力发展存在正面影响关系。换言之，父母越是重视教育，子女的认知能力就越有可能得到更好的发展。

作为为孩子扣上人生第一颗纽扣的人，父母应重视教育，同时也应该了解教育有关知识和规律。人非生而知之者，与孩子的成长离不开教育一样，要做个可靠称职的家长，同样需要接受一定的教育方面的指导。浙江省教育厅在时刻关注青少年教育的同时，也没有忽视对家长的指导和帮助。自2016年起，浙江省陆续在中小学中创办家长学校。《教育大辞典》中，"家长学校"指的是以婴幼儿、中小学生家长为主要对象，以传授家庭教育的科学知识和方法为主要内容的一种业余教育形式。除了通过传统的家长会向家长提供教育的理念方法外，省教育厅还充分利用广播、电视、网络等媒体资源向家长传授教育知识。

自2016年下半年，浙江省教育厅会同省妇联，建立专门领导小组和专家团队，邀请近百名省内家庭教育专家、名师、名校长、名班主任，打造《家庭教育百日谈》系列微视频节目。2018年上半年，浙江省教育厅上线浙江家长学校全媒体平台，为家长搭建"互联网＋自学"教育平台，发布家庭教育政策和动态，汇聚优质资源，给家庭教育提供科学指导。同年，在全国基础教育改革创新研讨会上，浙江省教育厅关于"办好教育民生关键小事的浙江之答卷——家长学校篇"工作的经验做法，被评为全国基础教育改革创新工作案例，得到教育部的充分认可。

2019年5月，杭州市根据家长的日常行为表现，颁发了第一批"星级家长执照"，赋予家长一个正式的"上岗证"，以此具体告知家长如何成为孩子成长的陪伴者和引导者。杭州市还借助移动平台，开设各类线上课程，引导家长通过自媒体完成执照的学习、积分，达到一定积分的予以认证并给家长颁发不同等级的家长执照。2018年，湖州市教育工会通过在大众书局设立的志愿者服务点，邀请全市教育系统教师、专家、学者作为志愿者，以沙龙、讲座等形式，与家长分享交流有关人文、教育、青少年心理健康等学识内容。市教育局组建讲师团，开设"菜单式"服务，深入学校、社区、企业开展系列家庭教育公益讲座，以问题为导向精准服务家长。

美国著名的《科尔曼报告》在调查了60万名学生后，得出一个结论：孩子90%以上的素质是由父母决定的。推广家长学校创建，不断提升家长学校实效，创新家长学校方式，丰富家长学校内容，是对家庭教育科学认识的正确表现。浙江省大力推广家庭教育，就是为了把牢青少年成长路上的第一班车的方向，为青少年日后的成长发展奠定良好基础。伴随着社会的发展和技术的进步，教育理念也在不断更新改进。这更体现了家长学校存在的必要性和重要性，也对家长学校创建与时俱进提出了更高的要求。

7.3 希望工程

1989 年 10 月，共青团中央、中国青少年发展基金会设立救助贫困地区失学少年基金，长期资助我国贫困地区品学兼优而又因家庭困难失学的孩子。

浙江省希望工程始终紧扣社会实际发展。1991 年，浙江省希望工程建设开始。1992 年，浙江省第一所希望小学——文成县希望小学在文成县岭后乡落成。1995 年，“希望书库”捐建项目推出，为不少农村学校解决了图书匮乏的问题，使得孩子们有条件多读书，更有机会读好书了。1999 年，浙江省举办了大型上街劝募活动，募集善款资助全省“希望之星”。2001 年，设立“希望工程教师培训专项基金”，让贫困教师也能沐浴希望工程的温暖。2002 年，正式启动“浙江省大学生助学计划”，不让因贫失学的悲剧再次上演。2004 年，结合社会实际，聚焦农民工子女助学计划，让农民工建设浙江无后顾之忧。2006 年，开展希望工程圆梦行动。2007 年，职业教育助学计划启动。2008 年，低收入农户青少年得到关注，“梦想操场”“快乐音乐教室”项目开始启动。截至 2020 年 9 月，根据浙江希望工程在线网站公布信息，浙江省希望工程共接受捐款总金额超 5.4 亿元，建校 592 所，资助学生近 20 万人次。

浙江省希望工程心系全国。2008 年，设立“浙江希望工程·汶川基金”，为地震灾区重建工作添砖加瓦。2010 年，召集公益募捐，助力云南、贵州等干旱地区，解决缺水问题。2018 年，面向新疆、西藏、青海、四川等对口地区，开展东西部帮扶协作、对口支援等活动。2017 年，浙江援藏教师 45 人、援疆教师 164 人，2018 年浙江省新增选派援疆教师 475 名、援藏教师 10 名。

浙江省杭州学军中学原校长陈立群，头顶“全国名校长”的光环从任上退休，婉拒百万年薪聘请，离开繁华都市和亲人远赴黔东南偏远山区无偿支教，成为当地唯一一所民族高中校长。陈立群义务支教的义举，在浙江引起了巨大反响，已经有更多的杭州退休和在职教师跟随陈校长的脚步来到黔东南支教，仅台江民族中学就有 18 位这样的教师。

浙江省希望工程既助力学业，又助力成长。2003 年，为推动建设农村教育信息化，实施“希望工程远程教育计划”与“希望多媒体教室”捐建项目。2012 年，浙江省青少年医疗救助项目被评为“全国社会工作服务示范项目”。2016 年，启动“梦想足球场”项目，使得省内山区学校足球运动条件得到改善。2017 年，针对留守儿童问题，启动“关爱农村留守儿童”公益项目，促进农村留守儿童健康成长，拥有快乐童年。2019 年，发起“希望小书房”公益项目，使得贫困青少年的学习环境得到改善。2019 年，在对口援助的四川省青川县沙州镇青坪村针对当地学生开设中职院校定向培养班，帮助多名当地中职学生来浙就学。

2019 年是希望工程实施 30 周年。习近平总书记指出，在党的领导下，希望工程实施 30 年来，聚焦助学育人目标，植根尊师重教传统，创新社会动员机制，架起了爱心互助和传递的桥梁，帮助数以百万计的贫困家庭青少年圆了上学梦、成长为奋斗在祖国建设各条战线上的栋梁之材。希望工程在助力脱贫攻坚、促进教育发展、服务青少年成长、引领社会风尚等方面发挥了重要作用。浙江省希望工程始终坚持助力青少年成长、托起明天的太阳的初心使命，根据社会需求，采取相应举措，为贫困青少年提供了物质帮助，更为他们提供了发展的机会。随着脱贫攻坚已经到了决战决胜、全面进入“清零”阶段，希望工程将在细微处扮演更重要的角色。

7.4 文化惠民

不仅要“身有所栖”，也要“心有所寄”，文化惠民是党和政府近几年亲民政策、爱民政策的体现，是“执政为民”的理念在文化上的具体反映，也是浙江为民办实事的重要内容。

7.4.1 农村文化礼堂,吹皱了乡村文化的一池春水

农村文化礼堂，着力打造的农村文化综合体，是浙江省的一项创新性工作。近年来，浙江大力加强包括文化礼堂在内的基层文化建设。据2018年全省基层宣传思想文化工作暨农村文化礼堂建设工作推进会公布，全省已建成农村文化礼堂近8000个、城市文化公园294个、社区文化家园192个、企业文化俱乐部163个，打造了极具浙江特色的基层宣传文化阵地群体。

全省各地农村文化礼堂，不仅有“两堂五廊”的标配，还根据自身特色开展丰富多彩的文化活动，拓展出好家风、好邻居评比，以及“我们的节日”等常态化活动，让农民群众共建、共管、共用、共享。温州鹿城樟里村的王群是当地一位退休教师，目前在村文化礼堂担任国学老师。每周日他都会把村里的孩子组织起来一起诵读国学经典。平时，他还会主持一月一次的成人分享阅读、开展特色阅读活动等。湖州市在当地村文化礼堂组织“我们一起过节”活动，分别在春节、清明、端午、中秋、重阳等传统节日推出“文化礼堂里过大年”“文化礼堂崇先礼敬先贤”“文化礼堂话端午扬家风”等系列活动。通过挖掘乡土特色、开展喜闻乐见的文艺表演、组织地域特色的民俗展示、开展村歌大赛和文化展示体验活动等不同的方式，让村民在参与中寻找到归属，在营造浓厚节日氛围的同时提高了群众的参与度。

7.4.2 公共文化服务插上了互联网翅膀

公共文化服务插上了互联网翅膀，拥抱数字信息新生态，文化阳光温暖着每一个人。借助网络信息技术，浙江省向公众提供了多层次、多样化、专业化的公共数字文化服务，公共文化产品供给切实向基层倾斜、向偏远地区倾斜、向弱势群体倾斜，努力让文化春雨撒满每一个角落，滋润每一个人。

（1）电子借书证——“信阅”。

自2018年4月“信阅”在线平台启用以来，浙江已有93家公共图书馆向“芝麻信用”550分以上的读者提供借书免借阅证和押金服务，还在全国范围内以快递形式提供百万册馆藏图书借与还服务。

浙江省图书馆还在支付宝App上推出了信用借阅服务，免押金，这对想看

书又是"懒癌"患者的读者来说，是一大福音。湖州市在全国率先实现"无感办证"信用借书，图书馆无感办证信用借书服务体系，通过 RFID 自助借书设备系统，利用支付宝下属的"芝麻信用"信用体系，让读者能通过扫描二维码或人脸识别的方式完成身份认证，并使用免押金仅基于信用评分的借还书服务。只要"芝麻信用"550 分以上，读者就能扫码秒办图书卡，实现一步借书到位。

（2）数字化阅读，让精神生活更加美好。

互联网重塑当代人的精神生活，这既是机遇，又是挑战。信息爆炸的数字社会，如何促使大众培养良好的阅读习惯，通过阅读树立正确的价值导向，是新时代的新课题。

2005 年 5 月，浙江网络图书馆正式开通上线。据官方网站介绍，网络图书馆提供了 6.4 亿条中外文文献信息、540 万种图书书目信息，300 万种图书可原文传递，14 亿页全文内容可供检索。线上提供了全文阅读电子图书 122 万种，中文电子期刊 1 万多种，1 亿余篇。实现了超过 1.4 亿条的中文报纸文章阅读和 490 万条中文学位论文原文传递服务，510 万条中文会议论文原文传递服务，1400 万条中文专利原文传递服务，225 万条标准原文传递服务。此外，还有视频 16 万集、有声读物 6 万部、影视频道约 8000 部 6000 小时视频节目。

2019 年 10 月，据《浙江日报》报道，2018 年浙江成年居民数字化阅读接触率达 84.8%，比 2014 年提高了 28 个百分点。在 2019 年，杭州国家数字出版产业基地聚集数字出版企业超 400 家；中国影视产业副中心的建设，为数字内容升级、IP 变现提供高效路径……

为了打造"中国网络文学重镇"，浙江相继成立全国第一家省级网络作家协会、全国首个中国网络作家村等组织机构。中国网络文学周、中国数字阅读大会两大"国字头"盛会也都伴随文化新生态而生，自首届起便永久落户杭州。2014 年，浙江启动"网络文学引导工程"，一大批网络文学浙军迅速抽芽，不少立意高远、文风隽永的优秀作品涌现在网络上，在全球范围内成为红极一时的文化现象，如《芈月传》《甄嬛传》等浙江网络文学在泰国、越南、印尼、蒙古等"一带一路"沿线国家畅销，成为文化输出的排头兵，成为网络文学向世界讲好中国故事的好载体。

7.4.3 城市书房创造城市社区文化交流平台，引领城市文化建设新风尚

城市书房，作为温州市委、市政府为民办实事项目之一，也是温州市在公共文化服务建设领域的金名片，更是温州显著的文化地标和出色的城市窗口。据温州市政府公布，自2014年推出第一家城市书房以来，截至2018年，温州已在全市建成并开放64家城市书房、60家文化驿站和40家百姓书屋，以此满足温州市民的精神文化需求。

百姓书屋作为乡镇版城市书房，是为城市之外的百姓量身打造的阅读和学习交流空间。百姓书屋的建成开放，将有效促进公共文化服务向基层延伸，着力推动城乡公共文化服务均等、协调、充分和可持续发展。

在城市书房内总能见到身穿红马甲的辛勤身影，他们为广大读者答疑解难，引导读者共同营造安静舒适的阅读环境，积极主动整理被遗忘在桌上、书架一角的书籍，保持城市书房的干净整洁。志愿服务让文明阅读根植于内心，创造了良好的人文环境，提升了城市文明气质。城市书房志愿服务队曾被评为2016年浙江省优秀文化志愿服务团队。

据湖州市政府公布，截至2019年，湖州市已建成并向市民开放城市书房15家，其中市本级9家、县区6家，市民可凭市图书馆“一卡通”、开通借书功能的社保卡或已绑定“一卡通”的身份证进入。

截至2019年底，湖州市城市书房已累计接待读者22万人次，流通图书9.5万册次，组织开展阅读推广活动近300场次，深度服务参与者6500余人次。按照《湖州市城市书房建设三年规划（2018—2020年）》，到2020年全市将建成城市书房30家。其中，2018年建成7家，2019年建成11家，2020年建成12家。

7.4.4 大数据带你玩转浙江

2019年9月，浙江最权威的文旅类综合服务平台——“浙里办”App中的“文化·旅游专区”上线运行，首次整合了文旅、气象、交通、公安等部门公共服务信息平台，实现数据共享。

在浙江旅行，只要打开手机，登录“浙里办”App的“文化·旅游专

区”，就能一站式获取“浙里文娱”“浙里好玩”“浙里出行”“浙里咨询”四大类主题服务。互联网不仅深刻改变了浙江百姓的文化生活，更推动文化价值与产业价值加快统一。文旅“双万亿”产业进入风口期，抓住当代“一部手机走天下”的互联网“原住民”，就抓住了经济增长新机遇。凡益之道，与时偕行。浙江文化事业、产业拥抱数字信息新生态，不断满足人民对美好生活的向往。

7.5 小　结

作为世界规模最大的教育体系，中国教育的改革发展不仅事关全国人民的美好生活，更关乎国家进步与民族复兴，推动世界文明发展进程。党的十八大以来，以习近平同志为核心的党中央高度重视教育事业，把教育摆在优先发展的战略位置，将公平和质量作为主要追求。

浙江作为历史文化悠久、文化底蕴深厚、教育改革领先的文化强省、教育重地，上述四种做法分别从促进教育公平、优化家庭教育、为贫困学生筑梦和用文化滋养心灵的角度，结合浙江实际情况，制定了合理的计划并严格执行。深刻体现出浙江省委、省政府一直以来对文教事业的高度重视，对教育改革发展的高瞻远瞩。充分考虑到教育存在的“八方各异气，千里殊风雨”的不均衡情况，本着公平与发展有机结合的原则，通过多种手段，大量借助“互联网＋”技术，努力让教育和文化的暖风吹过每一个地方，实现教育文化服务社会，教育文化愉悦人民，教育文化促进发展。

8 “浙里”养老:答好幸福养老时代答卷

8.1 国外养老服务发展模式与经验借鉴

国内相关学术研究视角和观点呈现出以下几个特征。第一，养老公共服务要符合公共服务的时代需求与内涵演进。美国经济学家萨缪尔森对公共产品定义，认为同时具有非排他性和非竞争性的产品即为公共产品。亚当·斯密、穆勒和庇古都认为，由于存在“搭便车”现象，准公共产品应该由政府配置，而德姆塞茨、科斯等经济学家则认为可以通过市场化方法鼓励私人参与提供准公共产品，准公共产品由政府垄断会导致供给低效。社会多元福利主体是在博弈与共促中成熟的。第二，养老主体间需要资源连接、协同联动。养老服务产业的发展要把互联网企业、电子商务企业、养老服务企业等社会力量整合起来，养老服务的消费是一个群体而非个体现象，应动态定位老年人群的消费特征，运用多种策略商议并构建老年人的消费身份。第三，养老公共服务需要多元主体参与供需选择构建共赢机制。现阶段老龄事业与产业普遍存在着供给侧与需求侧发展不平衡问题，制约着居民整体消费和老龄产业体系发展。老年人消费选择的变化，对全社会的消费结构和消费规模产生了重大影响。供给方式分为政府直接供给、市场营利性供给、社会组织的公益性供给、老年人自主组织和自主供给等。其运作模式有政府主办，层级联动模式；政府主导，中介运作模式；政府资助，机构主办，连锁经营模式；政府购买服务，公司承办，市场运营模式。其服务实现方式有网络媒介和实体单位之分，侧重服务评估体系研究。供给主体包括政府、商业机构、非营利组织、社区和家庭，政府须承担主要责任，如资源提供、政策制定、服务监督，社区应为养老提供多种服务，非营利组织应参与政策制定、监督检查、提供服务，家庭应提供经济支持、日常照顾、精神慰藉。第四，"互联网＋养老"具有交叉、跨越产业和创新企业聚合方式的特征，可以满足老年人多样化、多层次、多类型的养老服务需求。

8.2 国内养老服务政策制度的发展与前瞻

我国的养老服务经过三十几年的发展，社区养老事业由兴起走向壮大。总体来讲，我国社区养老政策的发展大致经历了萌芽（1980—1989 年）、启动（1990—1999 年）、形成（2000—2007 年）和发展（2008 年至今）4 个阶段。

8.2.1 萌芽阶段

1980 年前后，人口老龄化问题开始受到我国政府的关注。1982 年国务院批准成立中国老龄问题全国委员会，主管全国的老龄工作，并先后在省、市、县、乡各级建立老龄工作委员会及其办事机构，这标志着我国老龄工作机构网络的初步形成。1982 年我国成立了老龄问题世界大会中国委员会，1983 年中国老龄问题全国委员会印发了《关于老龄工作情况与今后活动计划要点》的通知，其中首次提出"老年人日间照料中心"这一社区居家养老服务的主要内容。然而，此阶段，明确的老龄人养老政策尚未出台，政府和社会对社区居家养老服务还没有形成一个清晰的认识。与老龄人相关的各项政策如表 8-1 所示。

表 8-1 萌芽阶段的养老政策

时间	政策文件	主要内容	颁发部门
1983 年	《关于老龄工作情况与今后活动计划要点》	各地可根据不同条件,有计划有步骤地建立有关老年人的各种协会、学会、老年人活动中心、老年人之家	老龄委
1985 年	《关于加强我国老年医疗卫生工作的意见》	积极开展老年病防治工作,大力开展家庭病休,改善医院管理,方便老年人就医,加强中医老年医学工作,积极培养老年医学专业人才,开展老年医学研究、学术交流和科普宣传	卫生部
1988 年	《中国残疾人事业五年工作纲要(1988—1992)》	充分发挥基层卫生网、社区服务网和残疾人家庭的作用,发展社区康复	残联等

8.2.2 启动阶段

1990 年以后，我国老年人口数量不断增加，人口年龄结构逐步向老龄型转移。自 1999 年我国正式进入老龄化社会以来，国家对人口老龄化问题日益重视。1996 年，国家出台了《中华人民共和国老年人权益保障法》，这是我国历史上第一部老年人法，具有里程碑的意义。同时，国家通过对经济发展结构的调整，慢慢开始调整产业结构，逐渐向以服务业为代表的第三产业倾斜，大力发展服务业。因此，我国的服务业得到迅速发展，并带动了居家社区服务业的发展。此阶段，有关老龄人的明确政策已经出台，相关政策也逐渐增多，政府和学术界对“社区居家养老”日益关注，关于“社区居家养老”的观点已有很多，虽然居家养老政策依然在孕育之中，但居家养老服务的雏形开始出现。这一阶段出台的老龄人相关政策如表 8-2 所示。

表 8-2 启动阶段的养老政策

时间	政策文件	主要内容	颁发部门
1991 年	《民政事业发展十年规划和“八五”计划纲要》	普及和发展城市社区服务,推动城市社会福利向社会化方向迈进,初步建立起城市社区服务系统	民政部

续　表

时间	政策文件	主要内容	颁发部门
1992 年	《中共中央、国务院关于加快发展第三产业的决定》	逐步建立符合我国现状的、完善的社会保障体系;居民服务业是发展的重点之一	中央、国务院
1993 年	《关于加快发展社区服务业的意见》	将支持和大力推进社区服务业的发展,并根据各地区的财政状况,在启动过程中给予适当补贴	民政部等
1994 年	《中国老龄工作七年发展纲要(1994—2000年)》	遵守家庭养老和社会养老相结合的原则:在城镇地区大量发展社区服务,帮助解决老年居民生活照料和医疗保健问题,特别是高龄老人和残疾人;在农村地区,以家庭养老为基础,与社区扶持相结合,发扬子女赡养老人的优良传统	老龄委
1996 年	《中华人民共和国老年人权益保障法》	家庭有赡养和照顾老年人的义务,老人养老主要依靠家庭成员,家庭应当关心和照顾老人	全国人大

由表 8-2 可见，这一阶段，国家关于养老的思路开始转变，将老龄人养老的视角由家庭转向社会，提出了家庭养老与社会养老相结合、扩大老龄人社会化服务，与 20 世纪 80 年代强调家庭养老有所不同。 市场经济的发展给政府行政理念带来了一定的冲击，服务型政府逐渐得到提倡，政府管理开始由以前的“大政府，小社会”逐步向“小政府，大社会”迈进。

8.2.3　形成阶段

21 世纪以来，国家开始意识到社区居家养老的重要性，2000 年中共中央、国务院下发了《关于加强老龄工作的决定》，使得我国老龄事业得到极大的发展。 “社区居家养老”这一词屡见不鲜地出现在有关文件中，学术界更加重视对社区居家养老的研究，中央政府于 2000 年提出社区居家养老的目标设想，于 2006 年在《关于全面加强人口和计划生育工作统筹解决人口问题的决定》这一文件中，正式明确提出建立社区居家养老服务体系，这无疑极大地推动了社区居家养老事业的发展。 这一阶段，从中央到各部门出台的有关养老政策共有34条。本书列举了一些具有代表性的养老政策，如表8-3所示。

表8-3 形成阶段的养老政策

时间	政策文件	主要内容	颁发部门
2000年	《关于加强老龄工作的决定》	逐步建立国家、家庭、社会和个人相结合的养老保障机制	中央 国务院
2000年	《中共中央、国务院关于加强老龄工作的决定》	建立和完善社会公共服务体系，大力发展老年服务业和老年产业；秉持家庭养老与社会养老相结合的原则，充分发挥家庭养老的积极作用，开拓社会养老新局面；形成以家庭为基础、以社区为依托、以社会养老为补充的养老机制	中央 国务院
2000年	《民政事业发展“十五”计划和2015年远景目标纲要(草案)》	到2005年，在全国范围内基本完成建立示范性的社会福利机构和其他多种所有制形式的骨干社会福利机构，形成以社区福利服务为平台、居家供养为本的社会福利服务体系	民政部
2000年	《关于加快实现社会福利社会化的意见》	在老年人的赡养方式上，秉持以家庭为基础、以社区为平台、以社会福利机构为补充的发展网络格局	民政部等
2005年	《中共中央关于制定国民经济和社会发展第十一个五年规划的建议》	大力发展社区服务行业，运用现代管理方法和信息技术改造传统服务业，提高服务业水平	中央
2006年	《关于全面加强人口和计划生育工作统筹解决人口问题的决定》	要制定和落实老龄事业发展规划战略政策，逐步建立覆盖城乡居民的养老保障制度，构建多元的养老服务体系	中央 国务院
2006年	《民政事业发展第十一个五年计划》	要把加快发展社区服务业作为重点，理顺社区管理体制，推进社区服务规范化和网络化建设；开展多种形式的居家养老服务	民政部

续　表

时间	政策文件	主要内容	颁发部门
2006 年	《关于加快发展养老服务业的意见》	逐步建立和完善以家庭养老为基础、社区服务为依托、机构养老为辅的养老服务体系	老龄委
2006 年	《关于加强基层老龄工作的意见》	强化为老服务功能,倡导居家养老的理念,建立为老服务系统	老龄委等
2007 年	《关于加快发展服务业的若干意见》	大力发展民生服务业,围绕城镇化和人口老龄化的要求,大力发展公共事业、公共服务、家政服务、社会化养老等服务业	国务院
2007 年	《"十一五"社区服务体系发展规划》	有条件的地方,开展老年社区护理老寿星和生活不能自理的老人的社区服务	民政部

8.2.4　发展阶段

这一阶段，关于社区居家养老的政策文件正式出台。2008 年，全国老龄办和民政部等联合出台了《关于全面推进居家养老服务工作的意见》，文件中指出，我国家庭养老的功能逐渐消退，养老问题已经成为社会性问题之一，但目前我国居家养老服务供需失衡、质量偏低，并首次对居家养老服务的概念做出了详细的界定。这一意见的出台，更新重塑了我国社区居家养老服务政策的纲目，很大程度上推动了我国社区居家养老服务事业的进一步发展，标志着我国社区居家养老服务政策体系的建立健全进入了一个新的发展阶段。表 8-4 列举了该阶段的一些养老政策。

表 8-4　发展阶段的养老政策

时间	政策文件	主要内容	颁发部门
2008 年	《关于全面推进居家养老服务工作的意见》	居家养老服务是指政府和社会力量依托社区,为在家里养老的老年人提供生活照料、家政服务、医疗护理和精神关爱等方面服务的一种养老模式。它是对传统的家庭养老模式的补充与改革,是我国发展社区服务、建立健全养老服务体系的重要组成部分	老龄办等

续 表

时间	政策文件	主要内容	颁发部门
2009 年	《关于进一步推进和谐社区建设工作的意见》	在国内发展居家养老服务，依托社区养老机构和老年服务中心及照料站，建立以家庭为基础、社区为依托、机构为辅的社会养老服务体系	民政部
2011 年	《关于加强和改进城市社区居民委员会建设工作的意见》	在城市规划和土地利用规划以及和社区发展相关的专项规划中，要将社区居民委员会工作用房和居民公益性服务设施建设列入其中	民政部
2011 年	《城乡社区服务建设体系“十二五”规划(征求意见稿)》	为社区居民提供家庭服务、养老抚幼等利民便民服务，开展社区、街道养老活动	国务院
2011 年	《社会养老服务体系建设规划(2011—2015 年)》	应建设以家庭为基础、社区为平台、机构为补充，着眼于老年人实际需求的社会养老服务网络	国务院
2013 年	《关于加快发展养老服务业的若干意见》	2020 年，全面建成以家庭为基础、社区为依托、机构为补充，规模适度、功能完善、覆盖城乡的养老服务体系；统筹利用各种资源，促进养老事业和产业与家政、保健、医疗、保险、文化、旅游等领域互动发展	国务院
2015 年	《中华人民共和国老年人权益保障法》(2015 年修正)	建立多层次的社会保障体系，提高对老年人的保障水平，提倡全社会的敬老爱老风尚	全国人大
2015 年	《关于鼓励民间资本参与养老服务业发展的实施意见》	鼓励民间资本在城镇社区举办或运营老年人日间照料中心、老年人活动中心等养老服务设施，为有需求的老年人，特别是高龄、空巢、独居、生活困难的老年人，提供集中就餐、托养、助浴、健康、休闲和上门照护等服务，并协助做好老年人信息登记、身体状况评估等工作。符合民办非企业单位登记条件的居家和社区养老服务机构，可以依法登记为民办非企业单位，其他机构依法登记为企业	十部委
2016 年	《〈关于开展社区养老服务驿站建设的意见〉的通知》	明确指出社区养老服务驿站应当具备以下基本功能：日间照料、呼叫服务、助餐服务、健康指导、文化娱乐、心理慰藉	京老龄委

续 表

时间	政策文件	主要内容	颁发部门
2016 年	《民政事业发展第十三个五年规划》	加强社区养老服务设施建设，在老年人日间照料中心、托老所、老年人活动中心、互助式养老服务中心等社区养老服务设施中配备医疗护理、康复辅具、文娱活动等设备。新建城区和新建居住（小）区，按要求配套建设社区日间照料机构，并与住宅同步规划、同步建设、同步验收、同步交付使用。老城区和已建成居住（小）区无社区日间照料机构或现有设施没有达到规划要求的，要通过购置、置换、租赁等方式建立社区日间照料机构。鼓励和支持各类企业、社会组织和个人从事社区养老服务。统筹社区范围内的各类养老服务机构、医疗卫生服务机构、社会工作服务机构、志愿服务组织和服务性企业，提高社区居家养老服务能力和质量	发改委
2016 年	《城乡社区服务体系建设规划（2016—2020 年）》	推进智慧社区建设。推动社区养老、社区家政、社区医疗、社区消防等安保服务和社区物业设备设施的智能化改造升级，强化社区治安技防能力。完善扶持政策。闲置的宾馆、培训中心、福利设施、办公用房等政府资产，优先用于社区养老等服务	多部委
2017 年	《关于印发〈“十三五”国家老龄事业发展和养老体系建设规划〉的通知》	大力发展居家社区养老服务，逐步建立支持家庭养老的政策体系，支持成年子女与老年父母共同生活，履行赡养义务和承担照料责任；加强社区养老服务设施建设	国务院
2018 年	《关于确定第三批中央财政支持开展居家养老和社区养老服务改革试点地区的通知》	确定第三批居家养老试点地区，重点打造社区居家养老示范区	民政部 财政部
2018 年	《关于开展第二批智慧健康养老应用试点示范的通知》	推动智慧健康养老产业发展和应用推广，安排企业申请智慧养老示范点工作	工信厅

通过以上的政策举例可知，在 1982—2018 年这段时期内，中央政府一直对老龄人政策非常重视，社区居家养老政策的雏形逐渐显现，尤其在最近 10 年里，国家相关的养老政策逐渐增多。 随着家庭养老功能的弱化，机构养老

供给不足，我国相关的养老政策逐渐明晰了居家养老、家庭养老和机构养老的区别，并日益重视发挥社区在养老上的平台作用，将社区与居家养老相结合，致力于建立、健全和优化我国的社区居家养老服务体系和网络，以此应对日益增加的老年人养老的需求。

8.3 浙江省养老服务发展现状与趋势

随着中央政府和相关部门出台一些相关养老政策，地方政府也先后传达中央精神。浙江省政府先后出台了如 2008 年《浙江省人民政府关于加快推进养老服务体系建设的意见》、2011 年《浙江省人民政府关于深化完善社会养老服务体系建设的意见》、2014 年《浙江省人民政府关于加快发展养老服务业的实施意见》、2015 年《浙江省财政厅　浙江省发展和改革委员会　浙江省民政厅关于加快推进政府购买养老服务的意见》、2016 年《浙江省民政厅关于推进养老机构公建民营规范化的指导意见》（浙民福〔2016〕26 号）、2018 年《浙江省人民政府办公厅关于深化养老服务综合改革提升养老服务质量的实施意见》等一系列加快社区居家养老体系建设的重要文件，表 8-5 列出了部分代表性政策。

表 8-5　浙江省社区养老相关政策

时间	政策文件	主要内容	颁发部门
2008 年	《浙江省人民政府关于加快推进养老服务体系建设的意见》	推进养老服务体系建设的指导思想和总体目标；加快推进养老服务体系建设的指导思想和总体目标，包括完善居家养老服务体系，改善设施，加大扶持力度；加快发展民办养老服务机构，并完善公办养老服务机构运营机制	浙江省人民政府
2014 年	《浙江省人民政府关于加快发展养老服务业的实施意见》	大力发展居家养老服务，加强居家养老服务设施建设和运营管理，完善居家养老服务照料中心建设补贴制度	浙江省人民政府

续　表

时间	政策文件	主要内容	颁发部门
2015 年	《浙江省财政厅　浙江省发展和改革委员会　浙江省民政厅关于加快推进政府购买养老服务的意见(征求意见稿)》	认识到政府购买养老服务的重要性，制定了政府购买养老服务的原则、工作目标、购买方式和程序	浙江省财政厅、浙江省发展和改革委员会、浙江省民政厅
2016 年	《浙江省社区居家养老服务机构综合保险试点方案》	确定社区居家养老服务机构综合保险对象、承保主体、保险理赔等事项	浙江省民政厅
2016 年	《浙江省民政厅关于推进养老机构公建民营规范化的指导意见》	确定了公建民营的范围、原则，并明确了社会主体资格要求、遴选方式、招标文件、遴选标准、招标程序等事项	浙江省民政厅
2018 年	《浙江省人民政府办公厅关于深化养老服务综合改革提升养老服务质量的实施意见》	优化养老服务市场，加强居家养老服务供给侧改革，推进社区居家养老服务照料中心运营方式改革，鼓励具备相应资质的社会组织或企业承接社区居家养老服务照料中心的运营，推进医养结合，完善社区养老制度并给予政策补贴，加强养老服务人员专业团队建设	浙江省人民政府

8.4　对策建议

为应对日益严峻的老龄化趋势，我国近年来密集出台了诸多与养老相关的政策文件，从多方面推动养老服务体系的建设，其中发展社区居家养老服务成为应对老龄化的重要战略之一。通过对丁兰街道供需状况的实地调研，我们发现街道在构建多层次养老服务体系过程中取得了卓有成效的服务效果，但同时也存在着供不应求、供需不匹配、服务质量不高等问题。依据《国务院办公厅关于推进养老服务发展的意见》的文件精神，为进一步完善养老服务体系的构建，改善养老服务的质量，有效满足老年群体养老的基本与特殊需求，增强老年人和广大居民的获得感、幸福感和安全感，本调研小组认为，丁兰街道可致力于以下几方面的工作。

8.4.1 更新服务理念,自下而上,以需求为导向升级服务质量

服务究其根本是以人为对象，因此在服务的过程中需要坚持“以人为本”，要以被服务者的需求为标准来设计服务内容和形式，只有如此才能让被服务者获得较高的满意度。过往以行政方式为主导的养老服务虽然具有力度大、推广快的优点，但是也造成了供给方对需求方的需求不敏感，主要依据政策指向和现有资源及能力来提供服务，从而造成了供需不匹配，服务的知晓度、利用度、满意度不高的情况，一方面需求没有得到满足，另一方面养老资源也没有得到有效配置。因此，养老服务体系在完善的过程中，首先要做的是改变原有的行政式服务理念，变“自上而下”为“自下而上”，通过为老年人建立“健康档案”，掌握不同社区的老年人口数量、家庭基本情况、健康情况以及需求特点，从实际出发去提供相应的服务。在做好基本公共服务的前提下，开展“一社一品”特色型服务，街道为社区养老服务要提供、配备相应的服务资源，制定服务标准，保障服务质量。

8.4.2 构建多方参与、协同合力的养老服务供给体系

养老服务是一个全社会的事业，要鼓励、引导街道所辖企业、医院、养老机构、社区等多方力量参与到养老服务的供给格局中来，协同合力做好“立体化”的养老服务供给链。要利用好丁兰街道“智慧园区、智慧景区、智慧社区”的优势，进行“养老服务、养老教育、养老文化、养老产业、养老生态”的“三智五养”融合发展。

首先，政府要承担环境与制度的营造者、服务监管者与评估者以及基本服务提供者等角色。以社区为平台，为养老服务供给方提供便利的环境，放宽准入门槛，制定明确的标准与规范，加强监管和评估，引入竞争机制，从而筛选出真正有实效的服务提供方。同时，政府要发挥保基本、兜底线的职能，对于高龄、失能以及低收入等弱势老人的需求要优先满足，可以通过购买服务的方式来加以实现，而对于普通老人群体和优势老人群体的需要，则可以通过信息资源提供的方式，引导其从不同的主体中获得他们需要的服务。

其次，社会组织和企业是服务提供的载体，其主要的职能是提供适合老年人需要的服务。调研中发现能够提供切实符合老人需要的社会组织所在的社区在各项评价上得分都比较高，反之则较低。因此，如何将“以需求为导向”的理念深入贯彻到实际服务的供给过程中是这些组织需要着重考虑的问题，也是政府进行监管和评估的重要方面。

最后，老年人不仅仅是服务的对象，也可以通过互助方式满足自身的养老需求。比如，调研发现，高学历老人社会参与的意愿要高于其他老人群体，可以对此类老人提供相应的支持和引导，让其既满足本人的养老需求，又可以尝试“银龄互助”——低龄老人为高龄老人提供“问安类”“陪伴类”服务，养老互助与自助服务，可以考虑进一步推广此方式。

8.4.3 开展养老服务社会工作培训，推动养老服务高质量发展

养老服务要改善存量、做好增量、留有余量，主要围绕存在的两个主要问题：一是现有服务效能低下，二是有些服务供需不匹配，来开展服务。

首先，优先考虑基础性养老需求，如老年餐厅、就近医疗、文化娱乐等需要，满足健康老人的文化娱乐服务需求，重点解决医疗保健需求，积极探索医养模式下的居家照料养老方案。

其次，改善养老设施，提升服务的专业化水平。对养老设施上的诸多问题，可因地制宜进行相应的完善和标准化建设工作，提升老人在养老服务硬件设施上的满意度。同时，可以通过专业人才队伍建设、现有工作人员能力提升、引入专业化机构、加强对服务过程和效果的监管与评估等方式，来确保养老服务的专业化水平和服务质量，保障老人对社会化养老服务方式的满意度和认同感，激发个性化养老需要和养老消费意愿。

最后，提供多样性、层次性的养老服务，这是改善服务质量的另一个重要方面。在具体服务供给过程中，要充分考虑老年人群需求的复杂性、差异性、动态性和可变性等特点，不仅同一年龄群体老年人因性别、身体、收入、学历等情况的不同，对服务有不同的要求，而且即使是同一类服务需求，也存在着服务方式、时间、强度等方面的差别。因此，在以需求为导向理念指导下，做好需求的调查与评估分析，对需求的差异性有了充分认知的基础上，再

有针对性地进行服务的设计与提供。比如，在做好基础服务的基础上，提供“菜单式”服务项目供有需要的老人自主选择，并且在服务过程中密切关注老年人需求状况的变化，保持服务动态调整。通过这些努力，养老服务才能够真正做到差异化、层次化与精准化。

8.4.4 畅通服务输送渠道，提升服务的公众知晓度

老人对街道养老服务项目等具体信息的知晓度偏低，一方面，与老年人的文化程度、家庭情况、传统意识等有一定关系；另一方面，也使得其对养老服务的体验频次不够，体验后获得感和满意度不高，导致“找服务”和“被服务”之间存在差距。调研中发现，一些社区的养老服务中心设施设备比较完备，提供的服务项目也是丰富多样，服务人员的专业水平也有一定的保证，但是上门来接受服务的人却不多，这就需要服务的提供方转化角色，由“请我来”转变为“我要来”，从被动服务到主动服务，做好服务前期宣传推介工作，增进社区居民对于养老服务的了解，将服务资源顺畅地输送到有需要的人群手中，进而使服务资源得到有效利用。

8.4.5 依托互联网技术，提升智慧居家养老公共服务质量

虽然智慧养老在街道老年人中因了解程度不高而需求比例较低，但是大多数社区老人对于智慧养老并不排斥，尤其是文化程度较高的老人更易接纳。同时，在构建完善养老服务体系中，智慧养老也是必不可少的一环，是提升养老服务质量的重要助力。从全国的情况来看，“互联网＋社区＋养老”已逐渐成为一种趋势，新技术可以为养老服务的精准化与专业化提供必要的技术支持和保障。建议与高校联合建立“社区智慧康养服务管理研发中心”，借助大数据与互联网技术，在试点社区率先建立老年人养老状况数据库，发布养老服务需求和供给的相关信息，联合相关企业，做好家庭养老末端的智能设备，如定位仪、远程监控、紧急呼叫器等与“老年人医疗公共服务大数据库”之间的信息交互平台开发，将需求方的老人与供给方的政府、社区、社会机构、医疗机构、企业等统一联动，在民政“最多跑一次”的公共管理要求下，为政务管理减负。

8.5 社会化智慧养老服务生态链平台的开发及应用

8.5.1 国内外研究现状与发展趋势

民政部数据显示，到 2020 年，我国老年人口占比将接近世界发达国家水平（22%），到 2050 年，再增长接近一倍。一方面，我国老龄人口最多，老龄化速度最快，应对老龄化的任务最重；另一方面，我国养老服务资源分散，水平良莠不齐，服务结构亟待优化，面对需方主体的“多元需求”与供方主体的“叠加效应”，单靠一种主导模式或传统的“单边治理”模式无法实现有效应对，亟待从“社会化”的整体角度出发，以“共治、共享、共建”的生态链治理格局，对人口老龄化问题进行多层次解构。下文从国家、产业、社区、家庭等层面的社会化智慧养老服务生态链平台切入，探索从养老产业市场化经济化角度、养老保障体系的社会化角度、智慧养老服务平台生态链角度，多层面切入，利用混合治理模式开发养老服务平台，构建社会化养老新模式。

经过梳理，国内外相关研究呈现出以下 3 个方向。

（1）宏观层面，由经验型服务到精细化服务的理论范式变迁。

福利多元主义倡导者罗斯提出，国家政府在福利上扮演着重要角色，但不等同于对福利的垄断，福利应该是社会的产物，市场、家庭和国家都应该参与福利提供。伊瓦思提出了福利三角的研究范式，将福利三角分析框架放在文化、经济和政治背景中。约翰逊在“福利三角”的基础上，将福利分为公共部门、非正式部门、志愿者部门、商业部门等 4 个部分，多元福利的转变打破了长期以来在福利国家中国家与市场的对立二元观念，淡化了福利的政治色彩，有利于实现团结和社会整合。西方学者对政府与民间组织合作模式研究的理论基础，主要源自部门失灵理论和跨部门理论。部门失灵理论阐明了现代社会中市场失灵、政府失灵、契约失灵、志愿失灵等对社会各组成部分运行机制的影响。通过探讨市场、政府和社会民间组织这 3 种制度形式的差异及其互补性，来论证民间组织存在以及同政府建立合作关系的必要性。跨部门理论则是进一步阐明政府与民间组织之间存在着怎样的竞争与合作的关系模式，内容包括：Wuthnow 的政府、市场和民间组织相互依存理论，Gidron、Kramer 和 Salamon 的政府—民间关系模型，Coston 的政府—民间组织关系连续图谱模型的政府—民间组织 4C 模型，Young 的政府—民间组织关系 SCA 模型，等等。

（2）中观层面，由国外政府福利型养老向社会化公共服务制度体系演化。

学者们对养老资源的定义主要有两大类：一类是国内最早把养老资源界定为经济的或物质的资源、照料资源和精神资源；另一类是广义的概念，即一切能够给养老事业带来实际效应，有助于养老事业开办的资源，包括资金资源、房产资源、环境资源、制度资源等。养老资源逐渐从物质型资源向服务型资源变迁，养老资源应是养老需要的一切资源，包括物质资源、劳务资源、环境资源、社区资源、社会资源和行政资源等。市场化的养老资源，更侧重以养老床位为依托而延伸的包括医疗、护理、环境卫生、陪伴人员等服务在内的养老服务产品。社区化的养老资源侧重环境性资源，如由专业或者专门人员为居住在自己家中的老人提供服务，“由社区照顾”中社区内部的人力资源，如家人、亲戚、朋友、邻里以及志愿者也是养老资源，养老服务整体呈现出服务内容丰富、服务主体多元的现象。

（3）微观层面，从以需求为主、问题为导向的单向供给型养老模式到多元共享的供需技术模式的创新。

大数据养老的既有相关研究中提到，互联网养老随着基础信息库的完善，充分发挥物质、健康、精神等各方面的照料作用，可以通过医疗机构平台、社区服务平台的对接，克服传统医疗服务和居家养老服务的不足，满足养老需求的同时扩大线下服务供给，使养老产业得到充分发展。“互联网＋”能够给居家养老服务带来新机遇，有效解决供需之间的矛盾。“互联网＋养老”具有交叉、跨越产业和创新企业聚合方式的特征，可以满足老年人多样化、多层次、多类型的养老服务需求。依托互联网、物联网等信息技术，构建各种资源广泛汇聚、各方互动支持养老服务平台，弥合和重建老人社会网络，“互联网＋养老”处于由概念到实现的阶段，存在智能设备应用开发难以跨越的“银色数字鸿沟”、信息安全无法保证，线上平台监管缺位和线下服务跟踪缺失、政策落后等现实困境。老龄事业和产业的发展过程需要通过扩大需求（Need）、技术（产品）创新（Innovation）、要素投入（Investment）和政策支持（Policy）来形成发展动力，当前我国老龄事业和老龄产业在动力机制上还存在交易支付能力有限等不足，相对于技术创新，制度创新与管理创新对动力机制形成更为重要。

总体来看，美国养老模式主要以“退休社区”为主，基于需求和社区功能差异，分为休闲生活型和医疗服务型退休社区。新加坡的养老形式灵活多变，政府推行立法支持和社区自主管理两种模式相结合。英国的养老市场不断增长并成为社区照顾服务的主要资金来源，其国家保险退休系统提供的最低养老金，并不是社区照顾服务的主要资金来源，而是从居家养老服务的提供者角度入手，通过个人购买、公共服务两种渠道，同时通过市场竞争来推广社区照顾服务的模式来进行的。日本提供养老照顾的主要渠道是社区老年服务中心，其社区养老组织主要分政府组织、民间组织、企业组织和志愿者组织等 4 种形式。澳大利亚的社区照顾服务是整合成更具弹性的服务输送体系，能够达到更高的品质服务。

综上所述，学界既有的研究成果丰硕，但对如何构建示范型的大数据平台，数据如何分类分层进行解析应用，线上平台数据如何与线下养老公共产品供给相链接，政府、市场、企业、社区的功能定位等鲜有研究，有待深入。

本研究拟从宏观、中观和微观 3 个层面思考理论框架构建，综合借鉴管理学、经济学、社会学等学科理论，最终在宏观整体层面以制度逻辑理论为基础，构建出老龄事业和产业发展的基础框架。中观层面以社会生态理论、产业生命周期理论和产业价值链理论，微观层面以混合组织理论、战略管理理论和组织核心能力理论为基础，构建系统化分析框架。

8.5.2 可持续化智慧养老社区的规划模态

针对养老公共服务在供需过程中的难点痛点，从理论和实践两个方面，建构智慧养老和整合照护平台系统的核心服务，连接着各参与者用户和业务节点，最终形成“机构—社区—居家”和政府、社会组织、志愿者及护理人员的六位一体的社会化养老生态系统，构建可持续的健康老龄化社区。

（1）从理论研究出发的3个研究内容。

第一，参与主体去中心化。公共服务平台在管理上的去中心化取决于分布式信任系统的存在，而区块链技术的本质就是为参与主体建立提升交易质量的信任机制。区块链技术有助于政府、行业、企业、家庭、老人等主体全面了解并管理养老系统的信息。一是在区块链系统中协同联动。公共服务平台数据库的更新维护由分布式主体共同协作完成，但并非由传统的某一中枢机构执行，从而保证信息的高质量。二是各主体平台信息共享共惠。在公共服务平台上，用户可以自主获得养老过程和结果的相关记录与证据，依据有效凭证自主管理养老信息，由单一中心向外、按层级传递的养老信息传递模式逐渐向多中心、无层级、同步快速的养老信息传递模式转型，有利于实现养老信息入口的广泛化、养老信息传播路径的自由化和养老系统创新的高效化。三是维持区域无垄断无边界化。去中心化的互联互通发展模式可以优化信任机制，实现各自利益最大化。

第二，机制高效化。如果引入区块链技术，将这些交易主体的交易信息实时记录到类似于区块链账本这样的链式账本里，政府、行业、企业、家庭、老人等参与主体可以实时分享，必然增加养老的透明度，提升数据的可信任度。一是将区块链技术与人工智能相结合。在区块链技术作用下的养老系统中，养老消费端能够协助消费者提升消费理性度，与养老供给端形成零和博弈，人工智能能够帮助消费者在智能动态定价中进行交易决策。二是优化信息共享机制。在养老体系从建立到功能发挥的全过程中，信息流居于主导地位，具有信息充分、时效性强、主观性影响大、信息化水平要求高等特点，从而通过强大的信息流保障养老体系的顺畅运行。三是打造点—链—网的区块链养老体系。区块链技术可以为点—链—网养老体系管理提供技术支撑，促使节点企业组成的传统养老体系中各主体之间实现零和博弈，规避信息共享不完全引发的多次交易等问题。

第三，交易过程安全化。由于每一区块都包含特定时间内系统的全部信息交流数据，区块间是平等的，并联关系使单一区块的损坏不影响系统整体的安全性。一是安全数据库保证交易数据的安全化。二是分布式数据库有效实现信息共享，为完善各项养老保障提供服务依据和预警信息。

（2）从实践应用出发的 6 个服务产品。

第一，态乐云护。态乐云护（TailorCare. link）是一个连接照护需求用户、服务提供者、服务执行者、监管者以及社会参与者的综合系统。它体现为一个基于互联网的云服务平台，用户可以通过 Web、移动 App、社交网络、小程序、反应式客户端、智能客户端（嵌入式或者穿戴式，以及智能识别卡等）查询、预约、订购、订阅服务提供者提供的各种服务。平台提供公共服务，包括能力评估、健康管理、客户管理、任务和计划管理等，为服务提供者和受益者之间提供无缝的全过程的搜索、订购和服务交付机制。

第二，态乐云联。态乐云联（TailorCare. Cloud）实际上是金色智云的云服务版本，并融合到态乐康平台之中。它为平台中的服务提供者提供了一站式的信息基础架构和业务云服务，涵盖提供各类养老、照护、健康和社区生活服务的商家。这些服务是通过 SaSS 或者 PaSS 的方式提供，提供强大的安全性、虚拟化，也包括嵌入了应用系统的各类智能终端或者设备。

第三，态乐云链。态乐云链（TailorCare. Chain）是一个基于异构区块链公链基础设施的多链基础设施层。在一个多方主体参与的分布式系统中，为身份、价值、交易、数据提供不可篡改的、可靠的、可信的计算基础设施和服务。

第四，态乐云智。态乐云智（TailorCare. AI）是平台的智能引擎核心，基于边缘智能、大数据、物联网，并基于可信区块链连接智能算力，调度数据和构成计算和应用场景，是平台的新一代智能骨架。

第五，态乐惠。态乐惠（TailorCare. Club）是一个普惠的老年社交社区和生态系统。社会连接性和价值感是老年生活和健康的重要组成部分，是有尊严的养老本身和 ICOE 对自我管理的要求。

第六，态乐云易。态乐云易（TailorCare. Pub）是平台的公共入口门户和连接点，主要是政府监管事务、地区/区域养老资源门户等。

以上 6 个组件，以云平台的软件服务、平台服务、业务服务、数据服务、API 服务、基础设施和智能设备服务、内容服务、流量服务等为内容，构成了一个完整的、闭环的以养老和整合护理为核心的健康老龄化社区及生态系统，构建了无边界的养老院和持续积极的长期护理体系。

8.5.3 数字化养老服务体系的技术关键

（1）区块链技术。

融合区块链技术的互信共赢型老龄事业和产业公共服务云平台，主要借助于区块链技术记录家庭养老、机构养老、社区居家养老等不同模式的所有作业流程，确保信息的可追踪性、可靠性和去中心性。区块链技术，解决了养老健康数据在传输与保存过程中的安全以及数据共享等问题。区块链技术是在没有权限限制的区块链上，各方都可以查看所有记录；在有权限限制的区块链上，各方可以通过协议确定哪些用户可以查看哪些数据，从而维持数据的私密性，并且在需要时各方可以掩盖自己的身份。通过这种方式，区块链能实现对健康数字资产全生命周期的完整记录并永久保存。融合区块链技术的互信共赢型老龄事业和产业公共服务平台概念模型，在平台上任意节点之间能够直接点对点进行信息交互，实现信息共享、协同共治。

（2）微服务。

项目研究基于微服务（MicroService）以及无服务（Serviceless）技术在新一代软件计算架构下的应用，使得平台能够在分布式、大平台、大数据、密集计算等情况下具有高可靠性、高可用性和高安全性。系统将研究采用基于lambda、ServiceMesh等新一代计算架构的应用，并借助于区块链基础设施对架构的组件、层面、范围（边缘）进行智能连接和调度。

（3）大数据云计算技术。

大数据技术，就是从各种类型的数据中快速获得有价值信息的技术。大数据处理关键技术一般包括大数据采集、大数据预处理、大数据存储及管理、大数据分析及挖掘、大数据展现和应用（大数据检索、大数据可视化、大数据应用、大数据安全）等。系统基于大规模的分布式云计算，支持对等的新的计算范式以及联盟式的商业模式特征。基于生态和应用的多样性，系统可能提供SaSS、PaSS，以及IaSS等多种层面的云计算模式，含有大数据采集技术、大数据预处理技术、大数据存储及管理技术、大数据分析及挖掘技术。

（4）高龄化智能移动终端和UI/UX设计。

友好的环境是健康老龄化的要素之一。由于老人认知能力和操作能力的下降，需要有更加智能的 UI/UX 设计，才能增强其与平台系统的链接，让其享受到系统带来的益处和信息化的福利。研究场景适应性 UI/UX 终端对老人 IT 链接能力的增强，这些包括特殊的 App 交互界面，人工智能和基于语音、传感器、标签和其他手段的 UI 增强，多因素 UI 构成的场景智能适配和识别等技术。基于 AI 和大数据的场景适应性应用。在物联网支持的智能终端、标签、客户端以及地理标识等多种因素下采集的数据，基于 AI 深度学习的引擎，机上多科专家团队的智能能够匹配不同的应用场景，调度计算资源、人工资源、调整业务流程，基于共享的护理计划，以形成无缝的照护体验，形成无边界的养老生态社区，打通医护、照护及社会关怀的各个环节，提供个性化的整合护理服务供给。

8.5.4 数字化养老服务生态链平台的创新空间

一是基于区块链的时间银行、公益活动、权益投资。基于不可篡改的区块链构建的时间银行、公益活动积分、老人自理和自我管理积分，能够充分调动各参与者，包括老人自身、家人、社会人士的积极性，并且能够在生命历程中及地理区域上将关怀合理分布和安排。时间和权益的兑换和交易，以全生态系统的照护资源作为后备担保兑付。在此基础上，探索众筹和其他权益投资的机制，以完善养老护理的融资和支付体系建设，构建可持续化的养护体系。

二是基于区块链的健康数据交换和隐私保护。在国家卫健委和国家相关标准的基础上，参照 HL7、FHIR 等标准，扩展和完善基于养老和护理的统一数据集标准，构建老年健康管理和养老照护数据集和健康记录，并基于区块链技术构建匿名但可审计的健康记录，以对等加密的同意授权方式满足健康记录共享、交换和使用。

三是基于物联网的边缘计算和智能应用。充分利用物联网和 5G 的连接性，提供各种老年适应性的智能终端和客户端接入，通过中心云平台、对等节点和边缘节点，智能识别和适配不同的应用场景，服务于动态的护理计划，提供整合性的个性化护理服务和健康服务。

四是基于人口健康管理和护理评估的整合护理计划。系统的运行核心是基于人口健康管理的整合护理计划。该计划由智能物联网和智能计算体系支撑，满足动态的场景化适配应用。该应用由符合国家和国际标准的数据集和健康记录支撑，并接入现在正在建设的国家区域人口健康管理平台。

五是基于能力提升的护理人力资源培养。护理人力资源的缺乏是全球老龄化背景下，各国共同面临的问题。平台提供基于能力提升、价值照顾的体系来开发人力资源，包括培训、能力建设、人力资源市场，以及服务人员的全程任务管控和支持等。

9 “浙里”平安：绘就幸福生活新画卷

加强和创新社会治理，是完善和发展中国特色社会主义制度、推进国家治理体系和治理能力现代化的重要内容。党的十八大以来，习近平总书记从统筹推进“五位一体”总体布局和协调推进“四个全面”战略布局高度，对推进平安中国建设、推动社会治理创新提出了许多新理念新思想新战略。在党的十九大报告中，习近平总书记把建设平安中国、加强和创新社会治理上升为基本方略，并就打造共建共治共享的社会治理格局做出了全面部署。习近平总书记关于社会治理和平安建设的重要思想是习近平新时代中国特色社会主义思想的重要组成部分，标志着我们党对中国特色社会主义社会治理规律的认识达到了新高度。习近平同志在浙江工作期间，立足浙江、放眼全国，创造性地提出并实施了“平安浙江”建设战略，在探索社会治理科学有效之道方面形成了系统性方案、积累了丰富经验，也为今天的平安中国建设提供了弥足珍贵的思想资源和实践经验。

9.1 “平安浙江”建设战略的提出

2004 年 4 月 22 日，习近平同志主持召开建设平安浙江工作座谈会，提出要开展宽领域、大范围、多层面的平安浙江建设。当年 5 月 10 日至 11 日，浙江省委召开十一届六次全会，会议通过的《中共浙江省委关于建设“平安浙江”促进社会和谐稳定的决定》，确立了平安浙江战略，率先开启了平安中国建设在省域层面的实践探索，浙江成为全国最早提出并全面部署“大平安”建设战略的省份。自2004年习近平同志在浙江推动覆盖社会生活各个领域的“大平安”建设开始，浙江充分发动群众、依靠群众，共建共治共享“平安浙江”，推进社会治理现代化，积累了丰富的社会治理制度经验。平安浙江战略的提出和实施具有重大的理论意义和实践意义。这些年来，历届浙江省委深刻领会和把握“平安浙江”战略的本质要义，坚持一张蓝图绘到底、一任接着一任干，持之以恒抓落实，高水平建设平安浙江，不断赋予“平安浙江”战略新的内涵，开辟平安中国建设在浙江实践的新境界。

浙江多年来始终坚持“平安浙江”建设，制定具体措施，加强保障民生安全。“平安浙江”战略决策出台后，浙江省委成立了建设“平安浙江”领导小组，习近平同志任领导小组首任组长，其后，历届省委都把“平安浙江”建设作为“一把手”工程。全省着力健全考核激励机制，省平安办出台《浙江省平安市、县（市、区）考核办法》，明确了平安市县、平安乡镇和街道考核标准。同时，省委、省政府每年开展平安市、县（市、区）创建命名工作，对平安市、县（市、区）予以通报表扬并授牌；对连续3年、6年、9年、12年达到平安市、县（市、区）标准的，分别授予平安鼎、平安铜鼎、平安银鼎、平安金鼎；对获得平安金鼎以后连续3年、6年达到平安市、县（市、区）标准的，分别授予“星级平安金鼎”。此外，积极强化民主法治建设，浙江先后制定出台了《浙江省社会治安综合治理条例》《浙江省信访条例》《浙江省安全生产条例》《浙江省平安建设和社会治安综合治理领导责任制实施办法》《浙江省预防处置群体性事件若干规定》《浙江省矛盾纠纷排查调处工作规程》《全省重大建设项目社会稳定风险评估试点工作方案》《关于加强社会治安防控体系建设的实施意见》等一系列法规文件，使“平安浙江”建设有章可循。国家统计局抽样调查数据显示，2003年浙江省受访群众安全感满意率为90.8%，低于全国91.19%的平均水平。在实施“平安浙江”建设战略的当年，浙江省群众安全感满意率提高到92.33%，高出全国平均水平1.49个百分点。16年来，人民群众安全感满意率达到96.84%，刑事发案、信访总量、生产安全事故总量连续保持“零增长”。

10多年来，浙江一以贯之建设平安浙江，为平安中国贡献浙江力量。习近平同志在浙江工作期间关于“平安浙江”建设的探索和实践，为“平安中国”战略的形成和发展提供了丰富的实践素材。党的十八大以来，作为社会治理的重要思想的重点内容和战略载体，习近平同志对“平安中国”建设做出了一系列重要论述。2013年5月，习近平总书记在工作指示中，要求把“平安中国”建设置于中国特色社会主义事业发展全局中来谋划。2013年11月，党的十八届三中全会通过《中共中央关于全面深化改革若干重大问题的决定》，提出“全面推进平安中国建设”。在党的十九大报告中，习近平总书记进一步对建设“平安中国”提出了具体要求。从一定意义上说，“平安浙江”是“平安中国”战略在省域层面的先期探索和生动实践，与“平安中国”战略在方向目标、内涵要求、方法途径上具有内在相通性。

9.2 “平安浙江”的实践

9.2.1 “枫桥经验”护卫平安

20世纪60年代，浙江省诸暨枫桥镇诞生了“小事不出村，大事不出镇，矛盾不上交”的“枫桥经验”。为此，1963年毛泽东同志就曾亲笔批示“要各地仿效，经过试点，推广去做”。“枫桥经验”由此成为全国政法战线上一个脍炙人口的典型。枫桥镇在各居委会、村，甚至在一些重点企业都建立了相应的调解组织。近年来，枫桥镇共成功调处民间纠纷1000多起，调处成功率达97.2%，其中80%的纠纷在村一级就得到了解决。社区是社会治理的最小单元，是党和政府联系群众、服务居民群众的“最后一公里”，社区居民是社区的主人，是参与社区自治的内在动力。据了解，浙江已建有平安志愿者队伍3.5万余支，参与人数达230余万人次，形成了“武林大妈”“乌镇管家”等一批金牌志愿者队伍，他们广泛参与社区治理工作，共同守护社区平安。

20世纪60年代初在“枫桥经验”的基础上，浙江不断创新枫桥经验、推广枫桥经验。2005年，开始在全省推广建立乡镇（街道）综治工作中心、村（社）综治工作站，以及全省综治中心、综治工作站。党的十八大以来，浙江持续打造一站式服务、就地解决矛盾纠纷的县级社会矛盾纠纷调处化解中心，完善接诉即办机制，强化“基层治理四平台”运行管理，推进“全科网格”建设规范提升，构建“一中心、四平台、一网格”上下联动、左右协调的县域社会治理新模式。2019年，省委政法委制定印发《关于探索建设县级社会治理综合服务中心（信访超市）的指导意见》，推动各地按照“最多跑一次”理念，探索建设县级社会治理综合服务中心，以此为基础，带动形成县、乡、村三级上下联动、左右协调的县域社会治理基本格局。推动县级综治中心、人民来访接待中心、矛盾纠纷多元化解中心、诉讼服务中心、公共法律服务中心等，成建制入驻“中心”，同时吸收法律咨询、心理服务、行业性专业调委会、公共管理等相关部门（组织）力量进驻，上下一体联动，提升县域社会治理整体能力，实现群众信访和矛盾纠纷“就地解决”，实现群众信访和纠纷化解“只进一扇门”“最多跑一地”。

通过访谈浙江省全国劳模，我们了解到“枫桥经验”在各地的应用情况。被访者07是浙江诸暨人，曾担任枫桥供电所副所长，在任职期间，将“枫桥经验”与电力结合，创办了“电力老娘舅”的新型工作模式。百姓在遭遇用电问题或是用电纠纷时，不会去派出所，不会找镇政府，都会向“电力老娘舅”寻求帮忙。

被访者07：其实应该讲是“枫桥经验”成就了我，我是得益者。2013年我在枫桥供电所当副所长的时候，是毛主席批示推广“枫桥经验”50周年。我又是土生土长的枫桥人，相比于外来人员，我认为我对于“枫桥经验”的理解会比其他人更高一点。为了做好毛主席批示推广“枫桥经验”50周年这篇文章，各行各业都进行了一个比较大的改造，为了使整个庆祝的气氛更浓厚，像我们电力就对整个的速达线进行了一个改造。那个时候我就在琢磨，能不能让“枫桥经验”在我们电力这里发挥作用。后来我们找到了一个非常好的结合点,其实也是实事求是在做的,就是"电力老娘舅"。枫桥镇的电力是有一个人在管的,他是土生土长的枫桥人,我叫他阿力师傅。他已经管了 30 年了,对枫桥镇的电力非常熟悉。一旦有电力纠纷或在用电上遇到问题,百姓不会去派出所,不会找镇政府,第一个电话就打给他:"你帮我看看这个事情怎么办?这根电线杆放在我这里怎么办?我回去隔壁人家偷我的电怎么办?"阿力师傅这批人有相当好的农村服务经验,我们就想到一个创意,把这批人组成我们一个"电力老娘舅"团队。最后我们成立了一个调解室,我们向政府汇报了这个事情,政府也相当感兴趣,让我们先试起来。

从对被访者 07 的访谈中我们可以了解到,"枫桥经验"的诞生与枫桥人民的付出密不可分,平安浙江建设也必须紧紧依靠群众、发动群众,发挥群众的首创精神。只有密切联系群众,才能让新时代"枫桥经验"焕发出蓬勃生机与活力。

被访者 07:我举一个结合"枫桥经验"的例子。2013 年是我记忆当中最热的一个夏天,连续几天都是 38℃以上的高温天气。那个时候因为要对整个枫桥进行电网改造,所以变电所要停一个。变电所一停的话,半个镇差不多就没有电了。这么热的天气,要从早上 7 点左右停电,为了赶进度,我们必须要拉长停电的时间,有可能要停到晚上 10:00 左右。那个时候我们心里是非常担心的,因为牵扯到两个变电所和整个街镇。接着我想枫桥的街镇大概有 3 万用户。然后一停就是半个街镇没电,而且今天停了,隔一天,后天有可能还要停。老百姓要用冰箱,这么热的天气要开空调。这件事情我原先是想都不敢想的事情,但是任务压给我们了,我们主动向政府进行汇报,通过镇、村然后发动我们的工作人员挨家挨户通知，张贴公告，发短信，然后在电视台播放，告诉大家停电的情况。最后我们累计停电停了大概一个月，最迟的一天送电送到晚上 11:30。当时我在现场，要全部完成以后才能走，我拿个手电筒往上照，就说兄弟们快点，老百姓要睡觉的，真的要骂的。然后旁边几个大妈用土话说："以新嘎子就买卖累。"说成普通话就是："既然已经这么忙了，你们又不是不干活，慢慢来。这么热的天，大家注意点安全。"反倒来安慰我们，我觉得真的非常感人。

我们的作业面很广，不是一两个人，有可能是 100 个人在那里做，最后的成果是大家都看得见的。居民出门就能看到工作人员在电线杆上干活。我们的手电筒没电了，居民就拿自己的手电筒出来照，还安慰我们慢慢来别急，真的非常感动，这是我的切身体会。然后没有人说要打电话投诉，打 95598 也好，打到我们那里也好，说怎么电还没来，一个都没有的，是真的。我说枫桥人民的觉悟真的高，为了"枫桥经验"，什么都可以放下。

9.2.2 完善社会风险防范体制机制

平安浙江要着眼于防范化解各类风险，维护社会和谐稳定。一是构建"人防、物防、技防、心防"四防并举的防范化解各类风险体制机制。在全省推广"网格化管理、组团式服务"，推进城乡社区治理与服务实验区建设，深化社区、社会组织和社会工作的三社联动，建设社区治理与服务多元协同的共同体，巩固社会治理的基础性单元。自 2014 年省委办公厅、省政府办公厅出台《关于创新基层社会治理若干意见》以来，基层社会治理的服务联动与多主体协同融合得到持续推进和优化。二是推动基层社会治理线上与线下融合。运用互联网与信息技术支持，建设"三网两平台一体系"，以省平安建设信息系统、综治视联网、公共安全视频监控建设联网应用"三网"为支撑，以县、乡两级社会治理综合指挥平台为枢纽，打造立体化、信息化的社会治安防控体系。如，杭州市西湖区法院在省内首个网络调解平台的基础上，建立电子商务网上法庭，把诉讼调解搬到网络上。安吉县社会矛盾纠纷调处化解中心，及时了解群众的矛盾纠纷，做到一站式接收、一揽子调处、全链条解决。杭州城市大脑运营指挥中心运用大数据、云计算、区块链、人工智能等前沿技术，整合多部门信息推进城市社会治理创新等，推进问题联治、工作联动、平安联创，构建社会治理精准分析、精准治理、精准监督、精准反馈机制。

司法部门作为调解矛盾纠纷的职能部门，在防范化解各类社会风险方面发挥了重要作用。诸暨法院地处“枫桥经验”的发源地，始终坚持“把矛盾化解在基层”的工作理念，推进社会矛盾多元化解。被访者08是诸暨市人民法院法官，从事法律工作三十余年，将枫桥经验运用到法院纠纷调解之中，总结出“四环指导法”的工作经验，进行诉前治理，即诉讼前去解决这些纠纷，为平安浙江的法治建设做出重要贡献。

被访者08:早期的“枫桥经验”是由公安总局总结出来的。早期的社会治理或者叫管理相对来说比较单一，主要是以公安为主。随着社会的发展，老百姓有一些自己不能解决的问题，需要到法院来解决。所以我们也在考虑能不能运用“枫桥经验”，就是不通过对抗的方式去解决矛盾纠纷。我们就想到了用调解的方式去解决老百姓之间的矛盾和纠纷，把“枫桥经验”运用到审判当中。

为了运用“枫桥经验”去化解一些矛盾纠纷，让一些纠纷在法院外解决，我就想到了一个“四环指导法”。案子进来了，我们就考虑能不能在源头把它解决掉。我们现在讲的叫诉前治理，即诉讼前去解决这些纠纷。我们后来总结了“四环指导法”里面很重要的一点，就是承担一个劝导者的角色。当事人来起诉的时候，我们就劝导他到人民调解组织去调解。诉讼不是很好的一种手段，诉讼严格意义上是对抗性的，矛盾可能会被激化，所以说建议当事人采用诉讼外的手段来解决，就是人民调解。

被访者 08 指出的“四环指导法”，就是按诉讼的 4 个环节进行相应的不对抗调解方式，即诉前环节普遍指导、诉时环节跟踪指导、诉中环节个别指导、诉后环节案例指导，自“四环指导法”提出后，诸暨法院案件数量有了大幅度减少。

被访者 08：这个方法想出来以后，镇里面也很支持这项工作，有很多纠纷到人民调解组织去调解，效率还蛮高的。第二年案件数量就大幅度下降了，那个时候调解率大概在 70%。

调解其实是需要很多技巧的。调解要梳理啊，讲和啊，要心平气和，要双方都能接受，调解其实是一个需要技巧的活儿，不是说每个人都能干的。知识储备要丰富一些，比如说一些民俗风情啊，双方的脾气啊，个性啊，还要运用法律手段，要给当事人梳理讲解法律规范，让他接受。我认为没有真正不可调解的矛盾，矛盾肯定是可以调解的。当年“四环指导法”开始推行的时候，百姓有问题来找我们，我们这边给调解，到后来我们这个理论也会得到发展。

“四环指导法”，在 4 个环节建立 4 项制度，第一个环节就是授权，授权我建立法律指导员工作制度，就是往每个镇里面派法律指导员，去普及调解知识，跟人民调解员去讲解调解的好处，叫他们发挥调解组织的功能，这是全面的一个授权。终诉的时候，我也劝导老百姓，给他讲调解有什么好处，诉讼有什么坏处。诉中我会邀请人民调解员，或者人民陪审员来旁听。案件的庭审也可以普及法律知识。调解成功以后，我们要把调解结果反馈给调解组织。所以整个环节环环相扣，每个主体都要发挥自己的作用，这样才能把整个纠纷数量降下来。我们现在也叫诉源治理，就要利用社会调解组织，把大量的矛盾纠纷化解在法院之外。人民调解不用花钱，矛盾不激烈，关系也比较调和。为此需要培训，提高调解员和调解组织的能力，那大量的矛盾纠纷就能化解在基层,化解在诉讼之外。这就是对"枫桥经验"的创新和发展。

9.2.3 建设"三治合一"的基层社会治理制度

2013年,浙江省桐乡市首次提出"自治、法治、德治"三治融合的基层社会治理办法,经过多年努力,"三治融合"已发展成为浙江省基层社会治理的重要品牌。浙江省桐乡市位于浙江接轨上海的桥头堡,沪杭高速公路、沪杭高铁等交通干线穿市而过。高速公路、高铁带活了这片热土,却也带来了新的困扰。2010—2018年,桐乡市高桥街道近万亩土地被征收,2200户农民的房屋被拆迁,高铁站、工业园区等工程相继建设。建高铁站和建工业园区时,安置政策曾引来了群众猜疑。针对这些新情况新问题,为了让群众参与到治理中来,实现大家的事情大家知晓、大家办,创造性地设立了百姓参政团、道德评判团与法律服务团,逐渐形成了"自治、法治、德治"三治融合的新格局,带来了村容村貌和精神风貌大变化。"刚开始大家意见不统一,通过村里的道德评判团等成员主动上门拉家常、话里短,一些矛盾被化解在源头。"桐乡市委政法委副书记徐晓叶认为,"三治融合"唤醒了村民主人翁意识,提升了社会治理"内生力",让"糟心"变"顺心"。

从高桥到桐乡,从浙江到全国,源自浙江基层的"三治融合"基层社会治理经验已被写进了党的十九大报告。为建设"三治融合"基层社会治理体系,浙江省各地确定推广"三治融合"的任务清单和时间节点,建立"三治融合"示范点,各地制定出台"三治融合"村(社区)建设指导标准,创新完善村规民约(社区公约)、百姓议事会、乡贤参事会、百事服务团、法律服务团、道德评判团等新载体。持续推进移风易俗,发挥"最美浙江人"等道德典型示范作用,完善培育社会文明风尚的实践载体。大力推行基层民主恳谈、民情沟通日、民情日记、民情档案自治协商的制度创新。推进村务公开、村务监督委员会行政村全覆盖,推动村规民约、社区公约治理。发挥政协委员会客厅、人大代表联络室深入社区、律师进社区等制度创新作用,推动基层社会治理实现"自治、法治、德治"三治融合。

浙江基层深入贯彻"三治融合"的治理办法,被访者09是义乌市某村党总支书记,他和村两委干部通过引导村民改变种植模式、"村企共建"开展来料加工、建综合市场和旧村改造等方式，使得村民的生活发生了巨大变化，在乡村基层治理中，发挥了很好的表率作用。

被访者 09：要使农村做好，“四个好”必须具备。第一个是什么？就是政策好。党的十九大明确提出要实施乡村振兴战略，这就是政策好。义乌从 1992 年的时候开始成立城乡一体化办公室，关注三农，也是一个政策。旧村改造，不是说自己想改就改，也是跟着政策在走。政策出来了，我们怎么去解读它，怎么去学习它，怎么去运用它，就是关键。好的政策，要很好地使用它。政策不是说只有我们村有，全市都有。有些是干部不去运用它，才导致现在变成了两重天。我们村号称为“没穷人，最穷的农户就是百万富翁”。我们村里有一个残疾人，是单身，他以前住的是 17 平方米的破房子，经过村里的努力，用好政策，他也参加了旧村改造。虽然他娶不起老婆，但我们村也按照一户的标准给他 107 平方米落地面积的用地指标。当时我们还考虑到还有 10% 左右的农户造不起房子，那么给他换成小高层，用套间来置换。第二个是领导班子好。光书记好、村主任好还不行，关键是全套班子要形成整体的战斗力，为老百姓做实实在在的事。这很重要，没有好班子，就不可能为人民服务。第三个是制度好。有了好班子但没好制度很容易出问题。所以我们紧紧扣住这个制度，用制度来管干部，用制度来管理村里事务。用制度来说话，可以减轻老百姓跟干部之间的矛盾。包括旧村改造，你家改不改，分房子好不好分，你不要问我，问制度。制度很清楚，你符合条件就向村里来申请，肯定批。老房子不拆掉，你申请有用吗？第四个是好思路。思路是关键，思路就是出路。一个村要发展就是靠“四个好”。我们干部要做到“三个事”：第一，你要来当干部，就要“不惹事”。这个事情很麻烦，涉及范围很广。收点小恩小惠，谋私利,拿点好处,用人问题,等等,其实都叫“惹事”。第二,“会谋事”。村子要发展,就要有宏观蓝图,不管哪一届都按照这个图走下去。第三,“能成事”。会谋事,但不去干,只用嘴巴说说是没用的,要能成事。

所以我们现在尽量在谋事,把第一代的市场全部拆掉,重新建了一个新市场。我们从这市场收取摊位使用费,一年收了500多万元。我们农业观光园,当时是原始农业,现在改成现代农业,最后要成为观光农业。2018年我们首次完成了1200万元的村集体经济收入。今年要完成1500万元的经济收入。我们要设立投资2.3亿元的“一带一路”青少年基地。我们要不断深化美丽乡村加党建,比如我们村在2010年开展的“党员党内约谈制度”。2015年,在这个基础上又启动了党员管理的十二分制。现在整个金华都在陆续推行党员十二分制。“不忘初心、牢记使命”主题活动开展以来,我们已经把“后陈经验”纳入我们村民委员会组织法。金华在推动“后陈经验再深化”,我们现在也走入了前期。近期我们举办的“两问大家法”活动就非常有成效。“两问大家法”问什么?一问我们村里明年的发展是什么?哪些事在我们村里发展比较快,老百姓需求很大,能够体现老百姓的一些致富能力,等等,都可以说。二问你家里需要什么?家里需要村里来帮助你什么?把整个家的一些问题都纳入进来。我们把老百姓的问题汇总成意见表,已经统计出了二十四问。那么做什么好?第一,要符合法律法规;第二,村里的经济要跟得上,要力所能及;第三,老百姓迫切需要解决的重大问题。在二十四问里面,挑选出10件既能做又实在的,作为思想列出来,提交给全体村民代表、全体党员进行表决,再从10件里面筛选出8件。这些都是体现民主的决策。老百姓很开心就更会来支持你工作。我还是相信邓小平以前说的那句话,

> 不管白猫黑猫，能抓老鼠的就是好猫。所以我们村干部就是要提高村集体经济收入，到了一定程度，积累的资金再来一次分配，让老百姓开心。

被访者09扎根农村，恪尽职守做好农村基层治理工作，不断开创出新的基层治理办法。被访者09所在农村治理有以下好的经验。“四个好”：一是政策好，好的政策还需要很好地去使用它；二是班子好，领导班子要为老百姓实实在在地做事；三是制度好，用制度来管干部，用制度来管理村里事务；四是思路好，好的思路就是好的出路。“三个事”：一是当干部“不惹事”，当干部要做到不谋私利，不贪图小恩小惠，不乱用人；二是干部要“会谋事”，一张蓝图绘到底，一任接着一任干，做到“干在实处、走在前列、勇立潮头”；三是干部要“能成事”，会谋事而不去干、坐而论道不行，能干事而干不成、没效果也不行。“两问大家法”：第一问，问村里做什么？第二问，问村民家里需要什么？听取村民意见和建议，才能更好地为村民办实事。从最初的城乡一体化办公室，到要使农村做好须具备“四个好”经验，到干部要做到“三个事”，再到“两问大家法”，都体现着浙江基层工作者的实干精神和创新精神，以及浙江基层治理的先进性和创新性。

9.3 “平安浙江”模式探索

“平安浙江”建设是包括社会矛盾纠纷调解、社会治安综合治理、公共安全管理，乃至安全生产、就业保障、扶贫、自然灾害防治在内的综合性系统工程。习近平总书记在党的十九大报告中明确提出：“建设平安中国，加强和创新社会治理，维护社会和谐稳定，确保国家长治久安、人民安居乐业。”习近平同志在浙江工作期间，注重对准源头问题，找准症结穴位，运用系统思维，统筹联动组拳出击，依法依规精准发力，有力推动了社会建设面临的一系列突出矛盾和问题的解决，为实现浙江百姓安居乐业、社会和谐稳定提供了重要保障。“平安浙江”建设的重要内容就是高水平建设社会矛盾纠纷化解体系、社会风险防范体系、基层社会治理体系。第一，强化基层基础工作，进一步总结、推广和创新“枫桥经验”。“枫桥经验”凝聚了广大干部群众在社会治安综合治理工作实践中的创造，是加强基层基础工作，推进社会治安综合治理的有效载体。第二，强化风险防范工作。民主法治建设是“平安浙江”建设的支撑保障和重要内容，坚持以民主法治建设促进社会和谐稳定。第三，强化基层治理工作，健全“自治、法治、德治”三治融合的基层社会治理制度。平安建设的坚实力量扎根在基层，强化自治的基础作用、法治的保障作用、德治的引领作用来规范社会秩序、平息矛盾纠纷。

习近平同志强调指出：“‘平安浙江’中的‘平安’，不是狭义的‘平安’，而是涵盖了经济、政治、文化和社会各方面宽领域、大范围、多层面的广义‘平安’。”同时，“广义的‘平安’不是泛化的平安，不能理解为把经济、政治、文化建设都包含在‘平安浙江’建设之内，大而化之地把它作为一个框，而是着眼于经济、政治、文化、社会建设之间的有机统一和内在联系，综合考虑各方面对社会和谐稳定的影响，使之统筹兼顾，同步推进”。围绕“平安浙江”建设，浙江省委提出了“五个更加”（经济更加发展、政治更加稳定、文化更加繁荣、社会更加和谐、人民生活更加安康）的总体目标和“六个确保”（确保社会政治稳定、确保治安状况良好、确保经济运行稳健、确保安全生产状况稳定好转、确保社会公共安全、确保人民安居乐业）的具体目标。

“平安浙江”战略成为推动浙江经济社会持续发展的重要法宝，也为“平安中国”战略的形成和发展提供了丰富的实践素材。“平安浙江”的经验告诉我们，建设“平安中国”，要加强党的领导，坚持党对政法工作的绝对领导，推进平安中国建设；要维护社会和谐稳定，在发展中补齐民生短板，促进社会公平正义；要开展系统治理和综合施策，建设基层治理综合服务平台；要推动社会治理重心向基层下移，激发基层活力，提升社区能力；要打造共建共治共享的社会治理格局，强化各方责任，调动各方积极性；要强化法治保障，坚持依法办事和按政策办事，把解决矛盾纠纷纳入法治化轨道。

平安建设永远在路上。浙江牢牢把握新时代深化平安浙江建设的正确方向，沿着习近平同志开创的平安浙江建设的路子，着眼于推进社会治理体系和治理能力现代化，在更深层次、更广领域、更高水平上推进平安浙江建设，努力建设平安中国示范区，为“两个高水平”建设营造更加安全稳定的社会环境。

10 浙江民生建设内涵与发展

基于本书前文 9 个章节对新时代中国特色社会主义民生思想理论渊源与实践来源的回溯、对浙商与民生良性互动关系的剖析，以及对浙江在政府治理、社会慈善、健康、文教、养老和平安等领域民生事业发展和变革实践的阐释，本章将梳理浙江民生建设实践，解析浙江民生建设内涵，总结浙江民生建设经验，并尝试归纳出自中华人民共和国成立，尤其是改革开放以来的浙江民生建设模式，以期为浙江未来民生建设与中国其他省域民生建设提供些许启发。

10.1 中国民生建设内涵解析

在进行浙江民生建设梳理之前，本章将先剖析中国民生建设的内涵，为浙江民生建设内涵厘清纵向历史溯源，建立横向比较框架。

下文将首先简要回溯民生思想和民生建设模式在中国传统社会、近代民族国家和中华人民共和国成立以后的演变过程，介绍西方国家民生建设思想与实践主要模式。 而后，对中国民生建设的内涵予以解析。

10.1.1 中国民生思想回溯

（1）传统社会的民生思想。

民生一词在中国古代典籍中最早出现或许是在《左传·宣公十二年》一篇中，“民生在勤，勤则不匮”，意在劝勉黎民勤劳以免于生计之匮乏。而以民为本的思想则在更早的商周时期就在“民为邦本、民为君本、民为神意”的敬天保民思想中已见雏形；后世以孔、荀、孟为代表的民本思想更是在儒学世代为尊的中国传统社会源远流长，逐渐积淀为中国政治文化的血液。

这种积淀一方面表现为历代王朝精英阶层对“天命观”的高度认同，“水能载舟，亦能覆舟”等论述都表达了统治者须关心臣民福祉，否则即违背天命，将招致王朝覆灭的观念；而天命思想“在中国政治思想中扮演了重要角色，是中国帝制时代王朝合法性的基础论述”。另一方面，传统社会的民生思想从未超越“尚法尊儒”的治术框架，它在约束精英阶层统治方式的同时，也构成了帝制王朝合法性最坚固的基础。

概言之，传统社会的民本思想是服务于帝制王朝精英政治的意识形态组成部分。

（2）近代民族国家的民生主义。

民国时期内忧外患，民生艰难。孙中山提出了三民主义，他在民生主义部分明确了以多数人富裕为目标，指出“我们的民生主义，是做全国大生计的事；所得富足的利益，不归少数人，要归多数人，大家都可以平均受益”①；主张以“一曰平均地权，二曰节制资本”来实现民生之利，一方面使得耕者有其田，另一方面发展国家资本主义防范私人资本操纵国计民生。

李达则基于马列主义和中国革命实践提出了“人民革命和社会主义建设的根本目的，是要逐步提高人民的物质和文化生活水平”②的论断；主张立足近代中国经济的特征，探索中国产业革命的路径，以解决大多数人民的生活

---

① 《孙中山全集》第 7 卷，人民出版社 2015 年版，第 601 页。

② 李达:《中华人民共和国宪法讲话》，人民出版社 1956 年版，第 129 页。

问题；[①]还强调大力发展教育，唤醒民族意识，改变知识和技术的落后局面，富民强国。

这一阶段的民生主义有着鲜明的资产阶级革命色彩。民生问题是一项事关救亡图存的民族大业，民生主义是各政党革命主张的核心内容。

（3）中国特色社会主义民生思想理论。

马克思主义自形成之初就关注民生问题，马克思、恩格斯著有不少有关民生主张的文章。马克思、恩格斯的民生思想以人的存在性为逻辑起点：人民创造历史，但“人民首先必须吃、喝、住、穿”，然后才能参与政治、经济和社会生活，因而“生产满足这些需要的资料”，即解决民生问题是人自由而全面发展的前提。[②]马克思、恩格斯还关注儿童、妇女的生活保障和发展。列宁则主张在无产阶级政党执政之后“必须把改善工人生活状况的问题单独提出来”[③]，强调改善广大工人阶级的生活水平是无产阶级执政党的一项重要使命。列宁还强调在无产阶级政权建立，为民生建设奠定政治基础之后，还需要一系列举措方能实现民生建设：首先是要大力发展生产力，为民生改善生产物质资料；其次是促进就业，让广大无产阶级劳动者参与到社会建设中，获得经济收入。

从中国革命实践和中国国情出发，中国共产党人形成了自己的民生思想。毛泽东的民生思想也主张人民民主专政制度是改善民生的政治前提，并且将改善人民生活和发展生产视作密切相关的一对关系——“我们的重点必须放在发展生产上，但发展生产和改善人民生活二者必须兼顾”[④]。邓小平的民生主义有三大要义：一是强调“发展是硬道理”，要依靠发展生产力为改善民生创造物质基础；二是提出“按劳分配”，要公平公正地分配劳动创造的社会财富；三是坚持走社会主义道路，以实现人民共同富裕为奋斗目标。江泽民民生思想的结晶在于“三个代表”重要思想，强调“党一切工作的根本出发点和归宿就是不断提高人民生活水平”；提出了“生产发展、生活富裕、生态

---

① 李达:《中国产业革命概观》,昆仑书店 1929 年版,第 137 页。

② 《马克思恩格斯选集》第 1 卷,人民出版社 1995 年版,第 78 页。

③ 《列宁全集》第 41 卷,人民出版社 1986 年版,第 271 页。

④ 《毛泽东经济年谱》,中央文献出版社 1993 年版,第 328 页。

良好”的可持续发展目标和“科教兴国”战略。

改革开放以后，中国经济持续保持高速增长；与此同时各类社会矛盾凸显，社会问题层出。民生问题在世纪之交已发展成为执政党和广大民众关心的焦点问题。胡锦涛提出了科学发展观，强调“权为民所用、情为民所系、利为民所谋”的民生理念，提出了“学有所教、劳有所得、病有所医、老有所养、住有所居”的民生建设目标。

回顾六十余载中国特色社会主义的探索之路，习近平提出了新时代中国特色社会主义民生思想理论：“以人民为中心，满足人民对美好生活的向往。”这是中国共产党全心全意为民宗旨在新阶段的又一庄严承诺；以经济发展为民生改善奠定坚实的物质基础，又通过持续不断地改善民生为经济创造更多有效需要，推动经济发展与民生建设的和谐发展，是满足人民美好生活需要的重要保障；完善为民办事长效机制，全面推进民生领域改革，是解决民生问题、增进人民福祉的重要动力；在人民群众最关心和急盼的民生领域，做重大决策部署推行重点民生工程，是民生保障体系改革与完善的重要抓手；坚持实事求是的态度，民生建设既量力而行又尽力而为，是民生事业应当遵循的工作态度。

从中华人民共和国成立初期，关注人民民主专政制度为民生改善奠定政治基础和工作重心向经济建设转移为民生改善确立方向，到改革开放初期重视以发展生产力夯实民生改善物质基础，再到新旧世纪之交对教育、就业、医疗、养老和住房等重点民生需求的一一回应，中国特色社会主义民生思想始终立足当时中国国情，围绕着广大人民群众物质文化精神生活的需要，直至进入新常态时期，一个目标坚定且科学、实现路径明晰且高效的民生思想理论体系得以形成。

10.1.2 中国社会民生建设模式梳理

当前世界各国均以社会保障制度和体系作为民生事业建设的核心内容和主要途径。但现行社会保障制度模板是舶来品，我们有必要通过回顾中国社会保障发展的历史，从中汲取养分，来理解和尝试构建中国特色社会主义民生建设模式。

（1）先秦时代民生建设。

回顾中国社会民生建设，我们会发现早在千年前的传统社会就已有不少独特的民生思想和丰富的民生建设实践。比如我们能在古籍中找到商周时有关民生建设的线索。

自商朝起，中原文明就以农业为民生之本。在生产力水平和生产技术相对落后、基础性力量（Infrastructural Power）薄弱的传统社会，水灾、旱灾、虫灾等自然灾害，苛捐杂税、官员横征暴敛和战争等社会动荡，很容易对一个地区的农业生产和社会稳定造成直接且巨大的影响，从而导致饥民遍野、流离失所的苦况。① 因而，中国传统社会民生建设最为重要的一项内容就是灾害预防与灾后救助。

灾害预防主要有储粮备荒和兴修水利两大措施。根据考古证实，中国储粮备荒的做法最早可以追溯到新石器时代，在河北磁山文化遗址考古学家发现了 88 个窖穴，可储粮达到 13 万余斤。② 商周两朝已有较为完备的仓储制度，据考证，《周礼》中有周王设置名为“遗人”的机构专门负责全国粮食储备的记载。而对于农业生产最为直接且频繁的自然灾害——水患，商朝就有更早的时期关于治水的记载，而奴隶制国家建成后，覆盖国都和大城市的水利灌溉系统建立。大型农业水利工程在春秋战国晚期开始普遍出现。

灾后救助则以开仓赈灾、捐贷赈民和以工代赈为主要形式。孟子所说的“狗彘食人食而不知检，涂有饿莩而不知发”，就反映了当时社会已经形成了君主和官员在灾后有及时开仓赈灾救济百姓义务的认识。反之，不及时救赈导致饿殍遍野，会被认为是违背天命，德不配位。捐贷赈民则是官府捐出一笔钱或是无偿借贷一笔钱给灾民用于建设房屋和恢复生产等。以工代赈则常见于大灾后官府招募灾民参与建设，为灾民提供粮食或银钱作为报酬。晏子等不少先秦名臣都曾留下在天有大灾时仗义疏财或开私仓救济的事迹。此外，在灾后对灾民免除徭役、捐税在先秦也已是常见做法。

---

① 王成、张玲：《先秦民本思想与中国特色社会主义民主政治建设的契合性解析》，《晋阳学刊》2014 年第 4 期，第 102—110 页。

② 佟伟华：《磁山遗址的原始农业相关问题》，《农业考古》1984 年第 1 期，第 194—207 页。

除了应对灾害，先秦业已形成了我们今日称之为社会救助的那些做法。首先，官府被认为对救助鳏寡孤独等贫困人群负有主要责任。参照《周礼》记载，西周的六官制度就已经设置了地官司徒专司社会救助工作，负责“荒政十二和保息六政”[①]之事。其次，还清楚地规定了专门的财税项目来分别负责特定事宜，例如“山泽之赋”就用来赈济灾民。

其次，在按照家天下伦理构建的传统家族结构中，宗族自先秦起就是社会安全网的重要组成部分。宗族关系之紧密在杨伯峻对《左传·文公十五年》中史佚之言的注解中得到了清晰的阐释：“救其匮乏，贺其喜庆，吊其灾祸，与其祭而敬，逢其丧而哀，五事之情。”“此对待亲人之道也。”宗族承担着救助穷困的亲人、抚养孤儿和收殓丧葬等责任。除了宗族，基于地缘结成基层社会网络的邻里，也自先秦起就承担了一部分社会保障功能——救贫弱、贺吉庆和恤死丧。孟子的“老吾老以及人之老，幼吾幼以及人之幼”就描述了邻里相互扶持的场景。

先秦战事频仍，为了激励士兵为争霸大业上阵搏杀，各国都建立了不同形式的军人优抚制度。其中，魏惠王时期在魏国推行的武卒兵制因其优抚力度之大而最具代表性，该制对兵士家属的优待不仅包括免除本户徭役和捐税，而且包括这种优抚在士兵战死、致残或退伍之后仍可享有。

恩格斯曾言：“只有奴隶制才使农业和工业之间的更大规模的分工成为可能。没有奴隶制，就没有希腊国家，就没有希腊的艺术和科学；没有奴隶制，就没有罗马帝国。没有希腊文化和罗马帝国所奠定的基础，也就没有现代的欧洲。”[②]这段分析也适用于我们评断先秦时代民生思想和民生制度。虽然先秦时代先后采用了剥削和压迫人民的奴隶制与分封制，是我们所反对的，但我们也必须正视先秦时代确立的“荒政十二”和“保息六政”制度、宗

① “荒政十二”是指“一曰散利（发放救济物资）；二曰薄征；三曰缓刑；四曰弛力（放宽力役）；五曰舍禁（取消山泽的禁令）；六曰去几（停收关市之税）；七曰眚礼（省去吉礼的礼数）；八曰杀哀（省去凶礼的礼数）；九曰蕃乐（收藏乐器，停止演奏）；十曰多婚；十有一曰索鬼神（向鬼神祈祷）；十有二曰除盗贼”；“保息六政”是指“一曰慈幼；二曰养老；三曰振穷；四曰恤贫；五曰宽疾；六曰安富”。

② 《马克思恩格斯选集》第3卷，人民出版社1995年版，第524页。

族的“五事之情”和邻里互助旧俗，对后世帝制王朝时代、近代乃至当今政府和社会大众对民生的理解和民生实践都产生了深远影响。

（2）帝制王朝时代民生建设。

由于这一阶段跨越千年，王朝更迭何止十数次，历朝历代的民生思想和民生实践复杂，加之详述流变亦非本章研究主旨，下文将简要说明帝制时代的民生制度概况。

“荒政”制度自秦以降，一直被各个王朝所沿袭，并且随着社会生产力的提高、官僚系统的发展和农业、交通等相关技术的更新不断发展。

自汉代起，“荒政”相较于先秦有一个重要变化，官府开始将地方乡绅作为捐贷赈民的重要力量，要求地方富户缴纳粮食或钱财充实专供赈灾所用的粮仓，但对钱粮的数额不做限定。到了唐朝初年，官府将乡绅半自愿的捐贷变为固定的税种，收缴的范围从乡绅富户扩展到了所有有土地可耕作的人，收缴的粮食专门用于充实义仓，而义仓则专门用于灾年赈荒。在荒政的具体措施上，随着后世农业生产技术、商品经济和水陆交通的发展，官府以粮、钱赈灾和以工代赈的规模不断扩大，还在垦荒安置、除害和调配等方面有了更多建树。到了清代，历经千年的荒政措施已是十分完备，还形成了新的“荒政十二”①，被学者认定为中国古代荒政的最高阶段。②

先秦的“慈幼、养老、振穷、恤贫、宽疾、安富”保息六政，在帝制王朝时代逐渐形成了粥厂制度、居养制度和抚恤制度。

由于粥比饭稀能惠及更多人，又可迅速缓解饥饿者通常普遍存在的脱水情况，施粥在帝制时代是最为常见的一种救济方法。除了在灾年，施粥也成为地方官员和乡绅救济乡里困顿者的常见善举。粥厂有官府设置长期开设的，也有乡绅富户不定期开设的，通常在年节等重要节日设置。

居养制度是对无人养育的儿童少年、无人赡养的老人和其他没有生计的人群，由官府设置收容机构提供居所、生活照料的制度。宋代最早将居养经

① 新“荒政十二”是指“一曰备祲；二曰除孽；三曰救荒；四曰发赈；五曰减粜；六曰出贷；七曰蠲赋；八曰缓征；九曰通商；十曰劝输；十有一曰兴土筑；十有二曰集流亡”。

② 王广彬：《中国社会保障法制史论》，中国政法大学2000年学位论文，第27页。

常化，各地官府建立了一批专门收容老、幼、残疾、病、穷者的居养机构，取名为“居养院”“安济坊”“惠民仓”等。还有一些地方专门设置出资帮助穷人收殓下葬亲人的机构。由宋代名臣韩琦提出的广惠仓制度，是中国最早的人寿保险和养老保险制度：百姓将粮税缴纳给官府，官府储藏在官仓之中，其中一部分分留到各地广惠仓中，专门用来赡养苦无生计的百姓。①

抚恤制度在历朝历代称法各异，如隋唐的府兵制、明代的军户制、清朝的八旗制，但优抚方式大致相同，主要有免除兵士户籍的徭役、苛捐杂税，获军功者封职位赏田财，伤残阵亡者抚养其幼老；但各朝各代和一朝不同时期的抚恤力度有很大变化。在黩武的朝代和时期，军队优抚力度大；反之，力度小。

除政府之外，宗族也承担了重要的民生职责，主要体现在面向所有族人的宗族福利和面向族中陷入困顿者提供的基本生活保障上。前者可以参看宋朝范仲淹创始的义学，以宗族为单位创办学堂，族中子孙不论家富家贫都可以入学，这种宗族学堂在富庶的江南地区一度十分盛行。后者常见的形式有疏财救困、赠医施药、收养孤弱、教育资助、婚丧资助等。② 邻里在民生方面的承担与先秦时期确立的“救贫弱、贺吉庆和恤死丧”一致。不过，随着宗族系统的强化，由乡绅富户将本宗族保障系统向一部分邻里中非本宗族者开放成为邻里互助的重要形式。此时，邻里互助体现为宗族保障逻辑沿着地缘联系的延伸。

对官僚系统的优待制度最早可在西周相关典籍中找到记载，而真正作为一项制度运行则是从西汉开始的。此后，历朝历代对官员都有一套精细完备的赏赐、供养退休的制度。

回顾帝制王朝时代民生，我们发现这段历史不仅积淀了丰富的民生思想和理论，还形成了一整套较为成熟的并且覆盖养老等社会保险领域、济贫救穷等社会救助领域和面向军人和官僚的社会福利举措的社会保障体系。并且，地方乡绅、宗族系统和邻里关系在荒政和保息这两项民生大事中都承担

① 王广彬:《中国社会保障法制史论》,中国政法大学 2000 年学位论文,第 37 页。

② 洪璞:《试述明清以来宗族的社会救助功能》,《安徽史学》1998 年第 4 期,第 38—41 页。

了非常重要的角色。这些有关民生的思想、正式制度和非正式制度对当今中国社会民生事业具有重要的启示意义。

同时，我们也要认识到帝制时代民生建设的局限性。参阅典籍，不难发现历朝历代均有百姓处在水深火热的苦况记载，即便不是灾年，各地也有不少贫困百姓朝不保夕，无法立身求存。荒政和保息制度能在多大程度上保障多少百姓安居乐业，受到君王是否仁德、吏治是否清明、地方官员是否英明强干，还有气候与人口等诸多要素的影响。归根结底，帝国时代的民生思想之灿烂和民生建设实效之局限，皆因彼时之民生本质上是皇权帝制之下的人治手段。

（3）近代中国社会保障发端。①

近代中国民生建设开启了从人治向法治的转型，这种转型肇始于北洋政府时期的北京政府。随着近代实业浪潮的兴起，工人阶级在中国大地涌现。但当时工人群体普遍受到资本家的剥削，面临工资低、工时长、劳动条件恶劣、福利待遇差的情况。也是在这样的背景下，中国共产党应运而生，将国际工人运动的先进理念和成功经验引进了国内，领导工人群体组织起来与资本家谈判、向政府提要求。中国劳动组合书记部拟定的《劳动法案大纲》虽然没有被当时的北京政府采纳，但它其中的条款深入工人群体之心，很快成为全国罢工运动高潮的斗争纲领。② 为了回应风起云涌的工人运动浪潮，政府制定了《暂行工厂通则》。虽然这部法律是行政法规，不具备严格意义上的法律效力，且其实施又因当时的历史条件大打折扣，但它作为中国第一部正式的工厂法，还是有其重要的历史价值的。它代表着劳动权利作为工人阶级的一项合法权利在近代中国已经深入人心，也是中国共产党在近代领导工

---

① 新民主主义革命时期，中国面临内忧外患，战事连连，民生艰难。受日本帝国主义侵略战争的影响，刚刚创立的社会保障制度遭到严重破坏，民生事业发展经历了长久的停滞。故而，本章不单辟一小节多做详述。对蒋介石国民政府在这一阶段民生建设感兴趣的读者可以参阅兰图《抗战时期国共两党社会保障事业比较研究》等文章，对中国共产党在土地革命、抗日战争和解放战争时期的民生保障感兴趣的读者，可以参阅王广彬《中国社会保障法制史论》等文章。

② 王广彬：《中国社会保障法制史论》，中国政法大学2000年学位论文，第58页。

人运动的重要成果。

由于以孙中山为核心的政治精英，普遍具有研习中国传统儒家学说和受近代西方学说启发的双重背景，国民党南京政府所构建的社会保障体系，一方面传承了中国帝制时代的荒政和保息框架，另一方面，在民主共和政体框架内依靠立法和民政建立正式的社会保障制度。由此，中国历史上第一个近代社会保障体系得以建立，它包含覆盖工伤、失业、生育和退休的社会保险，以及面向灾民、老人、孤儿等困顿者的社会救助。① 这一体系不仅在社会保险制度上已具备现代性，而且保险覆盖的领域也有所扩展，还开启了面向弱势群体提供最低生活保障制度的社会救助形式。

受近代西学潮流的冲击、国内政体变迁和社会形势多变的影响，近代中国的民生建设形成了中西和融的突出特点，一方面继承中国传统民生理念，另一方面在近代共和体制下推行民生制度框架的建设。

（4）中华人民共和国成立后民生建设与发展。

中华人民共和国成立以后，中国共产党领导下的各级政府对社会保障制度、公共安全、公共交通、教育、健康和文化等民生领域都给予了高度关注，并且在各个民生领域都实现了重大突破。若沿着这些民生实践领域一一展开梳理其建设与发展历程，恐力有不逮。因此，本小节将抓住社会保障制度这一民生建设的中枢制度进行梳理，以求厘清中华人民共和国成立后民生建设与发展的关键历程与核心逻辑。有关具体民生领域的发展，将在下文“浙江民生建设内涵解析”部分围绕浙江民生实践展开。

参照国内社会保障史相关研究，这里将中华人民共和国成立后的民生建设划分为7个阶段：1949—1956年社会保障制度创建时期、1957—1965年社会保障制度调整时期、1966—1977年社会保障制度挫折时期、1978—1990年社会保障制度恢复时期、1991—1998年社会保障制度改革与探索时期、1999—2012年社会保障制度深化改革时期以及2013年至今社会保障制度统筹发展时期。

---

① 刘悦斌：《民国时期社会福利政策论略》，第四届中国近代社会史国际学术研讨会上的发言，2011年8月2日。

我国现代社会保障制度的创建开端以1951年《中华人民共和国劳动保险条例》（以下简称《劳保条例》）为标志，它是中华人民共和国成立后的第一部社会保险法规，确立了职工在伤残、疾病、死亡、生育和养老等方面的保险待遇。面向党政机关、事业单位和人民团体工作人员的社会保险，则在其后分别另行颁布单行法规予以确定。由此形成了保险项目基本相同、不同项目因所属单位属性不同而有所差异的劳动保险体制。在社会救助方面，中国人民救济总会的成立和《中国人民救济总会章程》的颁布确立了其组织和法律框架。

1957年开启的社会保障制度调整，主要是为了回应中华人民共和国成立初期劳动保险制度存在项目混乱、苦乐不均问题，为此，在《劳保条例》的框架下，一系列相关法规和政策文件被陆续修订和颁布。相较于中华人民共和国成立初期，主要进行了以下调整：一是调整了医疗保险制度，公费医疗部分强调杜绝浪费，企业职工医保则进一步确立了企业和职工个人的责任和权利，以改进企业职工的医保待遇；二是统一企业职工和国家机关工作人员的退休和退职规定，适当放宽了退休条件和退休待遇。在社会救助方面，开始面向具体人群形成了一些更为具体的法规和政策。在农村，《农村五保供养工作条例》明确了五保户、困难户的标准，规定了政府和城乡基层组织对其生活给予照料的责任；在城市，借助单位的社会福利体系开展，如对退休职工、困难职工家属等的照顾。在社会福利方面，政府出资建立并运营教养收容机构，对城乡孤、残、老和精神病人进行安置。

1966—1976年是“文化大革命”时期。在此期间，此前建立的劳动保险制度、社会救济制度和社会福利制度都出现了倒退现象。在劳动保险方面，不仅立法活动长期停滞，还废止了已经运行多年的各级总会机构，使得劳动保险工作无人管理难以运行，伴随着主管部门被撤销，劳动保险金的收缴、管理和支付也就停止了运转，劳动保险经费来源被切断。劳动保险金的支付依靠各地方政府和企业自行筹措资金，艰难应付。在社会救助和社会福利方面，情况类似，内务部被撤销，大量福利机构被关闭。

1978年，中共十一届三中全会确定了改革开放的方针，社会保障领域的制度得以恢复和改革探索得以开启。一方面，中央政府着力恢复此前被严重破坏的社会保障制度；另一方面，探索适应社会主义市场经济改革需要的新型社会保障制度。1985年《中共中央关于制定国民经济和社会发展第七个五年计划的建议》更是首次明确提出社会保障概念，提出中国要建立一个将社会保险、社会救济、社会福利和社会优抚等制度统一起来的社会保障体系。在纲领性文件的指引下，20世纪80年代中国社会保障制度改革在公费医疗和企业职工医疗的统筹、企业职工养老的统筹、国企职工待业保险、农民养老保险和救灾救济等领域进行了积极探索。但囿于“在计划经济和市场调节相结合的框架内，这些试点探索陷入困境”①。

直到1991年社会化社会保险改革启动，社会保障制度改革才打破僵局，在养老保险和失业保险领域取得突破性进展，在五保户制度、残疾人保障和救灾等方面形成了一整套落到实处的工作方法，还在城市开始筹办最低生活保障。1993年，中共十三届四中全会通过了《中共中央关于建立社会主义市场经济体制若干问题的决定》，首次明确提出了中国社会保障体系的构成“包括社会保险、社会救济、社会福利、优抚安置和社会互助、个人储蓄积累保障”，还提出了“建立多层次社会保障体系”和“城镇职工养老保险和医疗保险制度实行社会统筹和个人账户相结合”的改革部署。在这一纲领性文件指引下，在1998年之前，城镇职工养老保险实现了统账结合，城镇职工基本医疗保险实现了对城镇所有用人单位的全覆盖，农村养老金试点取得突破，城市居民最低生活保障制度开启试点。

1999—2012年期间，社会保障制度改革进一步深化。经过10年的努力，社会保障体系的几个重点领域取得改革攻关：农村居民养老保险制度在2009年终于正式建立，城镇职工养老保险进行部分累积制探索；覆盖城乡的医疗保障体系初步建立。以大病统筹为核心的新型农村合作医疗制度自2003年起在全国农村试点，城镇医保方面以统账结合，全面取代了公费医疗和劳保医疗制度。这些牵扯到人民群众最关心最紧迫民生需求的社会保障领域，改革取得了重大突破。

2013年至今，统筹和提升成为中国社会保障制度改革和发展的主题。伴

① 王广彬：《中国社会保障法制史论》，中国政法大学2000年学位论文，第102页。

随着改革的持续推进，现代社会保障制度的完整框架已经搭建完成，经费收缴、管理、支付等社会保障的关键工作机制也得以逐渐理顺，并且借助日新月异的计算机技术和管理工具，促进社会保障制度更高效、更安全、更规范地运行。这一阶段社会保障制度改革有两个重点：一是着力统筹城乡社会保障体系，加快城乡居民社会保障的整合，打破城乡二元结构，让繁华城市和美丽乡村共享改革和发展的成果；二是加快推进社会救助制度的完善，理顺低保、农村特困救助、临时救助、残疾人救助、医疗救助、教育救助和住房救助等社会救助项目的关系，进一步实现社会救助的体系化，提高社会救助效率，力求将最广大人民群众都纳入中国特色社会主义社会保障安全网。

经过70余年的发展，我国建立了包含缴费型制度和非缴费型制度两种类型、政府—市场两类供给、国家—社会—个人三层次责任主体和社会保险—社会救助—社会福利三大架构的中国特色社会主义社会保障体系。

10.1.3 西方社会民生建设模式梳理

回顾各国政府的民生建设实践和学界民生相关研究，我们观察到基于各种经验维度或理论视角进行的模式探索和理论解读。例如，在基本公共服务领域，国内外专家和学者就围绕基本公共服务的范围、政府等不同社会治理主体在基本公共服务提供中承担的角色、基本公共服务供给的评价标准和绩效评价方案及基本公共服务提供的成功模式探索等问题，形成了不少具有洞见的研究成果。故，穷尽民生相关的研究文献和实践，归纳出一个完全的民生建设模式框架是不可行的。本小节将围绕社会保障这一民生建设核心制度，来梳理西方相关实践和理论流变。

在对社会保障相关文献进行回顾的过程中，本章发现不同实践领域和理论流派的许多文献之间共享一个核心的分析维度——政府在民生建设中的边界。本小节对国内外民生建设模式将围绕政府在民生建设中的角色进行梳理。

在现代政府形成以前，西方社会民生问题主要通过宗教慈善来解决。相比于今天的宗教组织，昔日欧洲的宗教是一个更为强大的社会行动者，不仅掌握意识形态权力，吸纳了大量教士和信徒，拥有大量教产，还由教会组织和教区的社会网络构成政治权力基础，甚至还有自己的军队。因而，在“神爱世人”等教义的指引下，教会承担了救病济穷、赡养老人和抚养孤儿的责任。以“十一捐”为例，犹太教信徒将自己一年收入的1/10交给教会，这笔捐款一方面用来供养教士，另一方面的重要用途就是救济。

伴随着资本主义的兴起，民族国家逐渐壮大，取代教会成为欧洲版图上最有权力的社会行动者。1601年，英国女王伊丽莎白一世颁布了《济贫法》，这部法律被学界视为世界上最早的社会保障法。而关于现代社会保障制度，学界普遍认为肇始于俾斯麦于1883—1889年期间在德国创立的医疗保险、工伤保险和养老保险制度。纵观西方社会几百年的民生史，政府在民生建设中的角色可以分为三大模式：自由主义模式、国家干预主义模式和中间主义模式。本章这一分类与社会保障理论对西方社保理论经济自由主义、国家干预主义和“第三条道路”三大流派的分法契合。

（1）古典自由主义主导下漠视民生（18世纪中后期—20世纪初）。

民生建设的自由主义模式与自由主义经济学一体同源。资本主义兴起早期，古典自由主义对政府在民生事业中的角色持消极主张。[①] 首先，基于理性人假设建立起来的古典自由主义坚信贫穷窘迫是个人行为导致的结果，它与懒惰、不守信、不忠诚等不道德的特质和举止相关，因此，贫困是个人选择；其次，守夜人政府原则强调政府应该最小化自身对经济活动的干预，而救济穷困者不仅会伤害那些勤劳、守信的人，还会损害自由市场的效率。需要说明的一点是，古典自由主义对济穷的消极主张“没有脱离新教教义‘惩戒’的窠臼”。

在资本主义崛起的19世纪，大多数西方国家都奉行古典自由主义，这些国家在经济飞速增长的同时，国内贫民差距急剧扩大、社会矛盾愈演愈烈，广大无产阶级工人民生艰难。哪里有压迫，哪里就有反抗。捍卫工人阶级利益的共产主义思想和工人运动随之兴起，对此代表资产阶级利益的政府大多站在资本家身后，对工人组织和运动进行镇压。但在特殊的国内外形势之下，

① 郭士征：《社会保障学》，上海财经大学出版社2004年版；马尔萨斯：《人口原理》，商务印书馆1992年版，第197页。

德国成为当时唯一一个逆古典自由主义潮流而行的资本主义国家。

19 世纪末，德国对外积极进行军事扩张，内部工人阶级和容克资产阶级之间的矛盾十分尖锐。为了与社会主义工人党竞争、解决激烈的劳资冲突并缓和国内社会矛盾推进统一战争，由俾斯麦主导，德国建立了世界上第一个社会保障制度。1883 年颁布的《劳动疾病保险法》确立了强制性雇员疾病保险制度，规定雇主和雇员共同承担保费；政府设立公共疾病保险协会和地方疾病保险协会来提供疾病保险服务；随后又先后颁布了《劳动意外灾难保险法》《劳工伤残及老年保险法》《女工法》等法律，确立了涵盖医疗、工伤和养老领域的社会保险制度。新历史学派是当时社会保险制度改革坚定的支持者，以施穆勒等人为代表。他们有两大核心主张：一是推行新的社会政策，保护工人阶级利益，强调社会政策的改变可以实现工人阶级生活的改善，不必要通过社会革命；二是主张国家职能扩张，反对放任主义将国家职能限定在安定社会秩序上，认为国家应该直接干预和控制经济生活。同时期，英国也诞生了以经济学家庇古为代表的福利经济学、由费边社成员积极推动的费边社会主义和由瑞典学派创立的福利国家理论。但最早获得政府采纳、成为国家意志并形成社会保障制度的是德国的新历史学派，它因此成为国家干预主义的原初版本，学界也通常将国家干预主义追溯到新历史学派。

尽管国家干预主义理论早在 19 世纪七八十年代到 19 世纪末就活跃在主要资本主义国家，但古典自由主义在资本主义世界的主流地位一直很稳固，引领着对市场效率的高歌猛进和对劳苦大众的漠视。直至 20 世纪二三十年代资本主义世界重大经济危机爆发，国家干预主义的代表理论凯恩斯主义才应运而生。

（2）国家干预主义兴起建立社会保障制度（20 世纪 20—70 年代初）。

凯恩斯在其著作《就业、利息和货币通论》中建立了宏观经济学的框架，并基于有效需求的核心概念，指出当有效需求不足时，政府须干预经济，通过积极的财政、税收和货币政策刺激需求，达成充分就业，化解经济危机。凯恩斯主义对积极国家的倡导不只局限在经济领域，还在社会保障等核心民生领域颇有建树：提出了以累进税制来调整收入差距，缓和贫富不均的社会矛盾；主张以最低工资制和工时限制法等来改善雇员收入低、工作时间过长等境遇；强调通过政府预算承担的社会福利和社会救济项目来帮助穷人。罗斯福统治下的美国政府采纳了凯恩斯的主张，实行失业救济、以工代赈，颁布了《社会保障法》《全国劳资关系法》和《工资时数法》等法律和法案，确立了养老金制度、失业保险制度、养老保险制度和对盲人、无人抚养的儿童和其他遭遇不幸者的救济制度。新政实施后，美国迅速走出了大萧条的阴霾。在第二次世界大战以后，凯恩斯主义成为主要资本主义国家的主导思想，并在资本主义世界形成了社会保障制度的建设浪潮。

此时，资本主义世界的民生建设已逐渐形成了一个普世的社会保障制度。尽管各国在社会保险的具体制度、政府财政投入、社会保障和救济覆盖人群等方面仍有较大差异，但社会保险、社会公益事业和最低物质生活保障在这一阶段已成为各国社会保障的 3 项支柱政策。①

（3）新自由主义复兴冲击社会保障安全网（20 世纪 70—90 年代）。

20 世纪 70 年代，资本主义世界首次面对大规模滞胀危机。自由主义者将危机归咎于国家对经济活动的过度干预导致市场失灵。自由主义经济学家更是直指社会保障制度是政府财政出现巨额赤字、价格信号失灵的主要原因，重申了自由市场的效率法则，强调社会保障制度对劳动积极性的打击和对市场效率的伤害。其中，现代货币学派自 20 世纪 50 年代形成之初就以自然失业率的概念批判凯恩斯主义以扩大财政支出来消除失业的做法是错误的，反对充分就业；反对劫富济贫式的税制，提出建立负所得税；主张只保留对低收入者提供最低生活保障制度。② 而供给学派与现代货币学派虽对社会保障的理念一脉相承，但在政策层面的见解有所不同，供给学派主张对富人减少税收，让富人进行储蓄和投资，增加有效供给；强调减税不会导致贫富差距再度加剧，因为经济活力被刺激以后就业机会也会跟着出现，失业危机可以得到缓解，大量人口可以重新获得收入；同时，还主张大幅削减政府的社会福利支出，一方面刺激劳动者积极就业，另一方面减少财政赤字，实现政府收支平衡。当时里根政府启动的“经济复兴计划”就采纳了供给学派和货币学

① 王慧先:《美国社会保障制度的发展及启示》,《社会福利》2012 年第 3 期,第 38—41 页。

② 章晓懿主编:《社会保障:制度比较》,上海交通大学出版社 2004 年版。

派的主张。在社会保障领域，里根政府维持了社会保险、社会福利和最低物质生活保障的制度框架，但大幅度削减社会福利开支，出现社会福利开支的增长率和预算占比双下降；任期内住房预算被削减了76%，造成无家可归者的规模大幅增加；还取消了不少社会救济和救助项目，数量庞大的弱势群体被排除在社会保障安全网之外。

尽管存在劫贫济富等争议，但里根经济学（Reaganomics）确实成功地带领美国经济走出了通胀和停滞的泥潭，在其任期内美国经济实现了稳定的增长，年均实际GDP增长率达到3.2%，国民个人实际可支配收入季度环比年化平均值达到3.47%。①

在经济复苏稳健增长、政治上在冷战中胜出的势头下，以美国为首的资本主义阵营开始强势推行“第三次民主化浪潮”。众所周知，这次民主化浪潮在进行新自由主义改革的发展中国家制造了“拉美陷阱”。在这个过程中，同构化压力（Isomorphism）使得广大发展中国家也陆续依着本国国情参照西方社会保障模板建立起了社会保障制度。

（4）“第三条道路”兴起钟摆回归（20世纪90年代至今）。

大约在20世纪90年代，发达国家阵营内部陆续陷入了经济发展速度减缓、经济衰退势头显现、贫富差距急遽扩大、社会福利负担沉重的同时老无所依等社会问题突出的困境。于是，福利国家危机将一些人们视线导向了在国家干预主义与自由主义之间平衡的“第三条道路”，以实现在减少社会保障开支的同时维护社会稳定的双重目标。以吉登斯为代表的“第三条道路”理论，试图在“从摇篮到坟墓”的社会福利体制和将社会保障问题简单粗暴地交给市场这两个主张之间寻求一个平衡。与民生相关的主要主张有：进行治理导向的政府改革，引导公民、企业和社会组织更多地参与到社会保障等公共事务中；以社会投资国家取代福利国家，政府支出从福利政策改为向教育、就业培训等社会福利相关领域进行政府投资，还通过税收优惠等方式吸引并监督私人资本在这些领域投资。

---

① 陆晓明：《特朗普经济政策效果预期——从与里根经济政策比较的视角》，《国际金融》2017年第6期，第24页。

如表 10-1 所示，从古典自由主义对民生漠视，到国家干预主义建立现代社会保障制度，再到新自由主义复兴时的后退，最终在 20 世纪末进入“第三条道路”，西方社会保障建设模式与西方资本主义发展的“全球化与理论范式钟摆运动”一致，经历了多次在市场效率和社会保护之间的来回摇摆。[①] 具体体现在这 3 对关系中的权衡：一是政府与市场何者在社会保障领域的作为应是第一性的；二是社会保障的评价标准中公平和效率何者优先；三是社会福利权利是否应该以工作责任为前提。

表 10-1　近代以来西方社会民生建设模式阶段分期

时间	民生建设主要模式	核心主张	主要举措
18 世纪中后期—20 世纪初	古典自由主义模式	贫穷是个人选择，社会保障伤害市场效率	政府镇压工人运动，与资本家合谋
20 世纪 20—70 年代初	国家干预主义模式	政府应积极干预经济，缓和劳资冲突，化解经济危机	建立社会保险、社会救助和社会福利制度
20 世纪 70—90 年代	新自由主义模式	社会保障制度打击劳动积极性，伤害市场效率	减税，促进积极就业政策，削减社会福利开支
20 世纪 90 年代至今	第三条道路模式	在政府与市场、公平与效率之间寻求平衡	以社会投资取代社会护理，引入社会治理解决社会冲突

面向美国民众的一项民意调查为“是否同意政府官员根本不关心像我这样的人”，在 1964 年类似的民意调查中持肯定观点的人约占 36%，2000 年对其持肯定观点的民众则达到了 60%。当然，不能否认这一观点的上升可能受到身份、政治等因素的影响，但也必须正视主要资本主义国家在教育、儿童妇女保护和社会福利等方面的制度建树、财政投入和服务水准，例如奥巴马政府在美国推行的当前在资本主义世界仍然占据主导地位的新自由主义，“第三条道路”的底色仍是服务自由市场摆脱社会矛盾束缚的一个技术方案。

---

① 高柏：《中国经济发展模糊转向与经济社会学制度学派》，《社会学研究》2008 年第 4 期，第 1—31 页。

10.1.4 中国民生建设内涵解析

（1）纵向梳理。

回顾自先秦到当前中国民生事业的发展概况，我们看到中国传统社会在2000多年的时间里一直将滥觞于西周的“荒政”和“保息”制度作为民生事业的核心，在积淀了丰富多彩的民生思想和理论的同时，还形成了一整套较为成熟的，覆盖养老等社会保险领域、济贫救穷等社会救助领域和面向军人和官僚的社会福利举措的，以官府、宗族和邻里为责任主体的社会保障体系；北洋政府为应对工人运动兴起而建立的劳动保险立法，昭示了中国民生事业向社会保障范式的近代化转型，南京国民政府则是在民主共和体制下建立了一个具有中西融合特色的社会保障体系——在继承中国传统社会“荒政”和“保息”制度的同时，创制了劳动保险制度；新民主主义革命时期，受到频繁战火的影响，中国社会民生艰难，民生事业发展陷入了长久的停滞状态；直至中华人民共和国成立，经过了70余年的初创、调整、停滞、恢复、改革、深化改革和提升发展历程，一个现代化的中国特色社会主义社会保障体系才最终得以建立。

在这一段跨越千年的浩瀚民生建设历程之中，本章发现了不同历史阶段民生建设模式各具特色，但都无一例外地被打上了该历史阶段政治体制、经济发展水平、社会结构和主流意识形态的烙印（参见表10-2）。

表10-2 中国社会民生建设模式历史流变

阶段	主要模式	核心逻辑	主要举措
先秦时期	官府荒政—宗族救济—邻里互助	遵循周天子家天下逻辑建立3个层次的民生体系，最终服务于巩固封建君主统治	十二荒政，保息六政
帝制王朝时代		遵循外儒内法治术延续3个层次的民生体系，最终服务于巩固帝制王朝	十二荒政，保息六政；社会保险雏形初现；宗族保障强化

续　表

阶段		主要模式	核心逻辑	主要举措
中华民国时期		政府—社会共同承担	借鉴近代西方社会保障早期实践，缓和劳资矛盾，最终服务于资产阶级政权巩固	社会保险 社会救助
中华人民共和国成立后	计划经济时代	国家—集体模式	遵循单位制/人民公社制统包统揽逻辑，社会保障由国家和集体承担	机关人员劳动保险；企业职工劳动保险；城乡社会救助；收容福利机构
	改革开放以来	国家—市场—社会模式	顺应改革开放潮流，社会保障由国家、企业、个人与家庭共同承担	城镇职工养老/医疗/失业保险制度，城市居民低保； 新农合医保，农村养老金制度，农村低保制度

先秦时期，西周民生建设开创了“官府荒政—宗族救济—邻里互助”的模式。这一模式主要遵循周天子家天下逻辑“建立”。首先，西周封建体制以君权神授和天命观为其统治合法性基础，周天子须做好灾难预防和灾后救助来自证顺应天命，荒政关系到政治合法性根源，故而由官府承担。其次，宗法制度不仅是西周政治权力结构的核心形式，也是西周王朝进行社会控制的重要手段，自周天子直至普通国人都在宗法系统之内，对亲疏礼仪等生活准则均做了详细的规定，宗族内部救济是对贫弱困顿者的主要救济形式；而邻里互助则源于周王室对基层社会空间控制手段——六乡六遂制，因乡遂制而结成的邻里网络成为邻里互助的社会基础。其主要举措在前文阶段梳理中已有说明，此处不再赘述，下同。

帝制王朝时代沿袭并发展了西周创立的三层次民生模式。其基本逻辑与封建王朝一致，遵循其合法性基础儒家学说，而儒学则以西周官学为渊源。与先秦不同的是，后世尤其是西汉以后，外儒内法治术以法家主张而非宗法制度治国。在高度发达的中央集权科层体系和严刑峻法之下，官府荒政在义仓备荒、贫民救济和灾后救助等方面的组织化、制度化水平大大提高，荒政效率不断提升。而在王权基础性权力无法渗透的基层社会，宗族系统成为基层社会管理和救济救助的主要力量。两千余年的帝制民生史，沉淀了绚烂的民生思想和理论，不少理念已经成为中华民族的文化基因，还留下了不少至今仍有启发意义的民生建设举措。但还需记得，即便是唐宋盛世，黎民百姓民生艰辛甚至哀鸿遍野的惨况也是不乏记载的，这是由传统社会依靠人治的权力结构所决定的。

中华民国时期的民生建设实现了中国民生建设的近代转型。站在历史的十字路口，近代中国政治精英在西学东渐的影响下，一方面借鉴近代西方资本主义国家应对劳资矛盾而建立的劳动保险制度，另一方面在社会救助和社会福利方面继续延续传统社会的荒政保息框架。因而，构成了政府—社会共同承担的社会保障模式。相较于中国传统社会，近代社会保障建设摆脱了民生对圣主贤官的人治依赖，搭建了制度化的社会保障法治框架雏形。

中华人民共和国成立以来，先后存在两种民生建设模式：一种是与计划经济时代与城市单位制、农村人民公社制度相适应的，由国家—集体为社会保障全面买单的模式；另一种是与改革开放历史进程相适应的，由国家—市场—社会共同为社会保障负责的模式。

相较于前者，由国家主导、市场参与、个人家庭与社会组织共同承担的民生建设模式具有显著优势。一是大大减轻了国家和企业、事业单位等集体的负担，使得公共财政得以合理分配到国民经济和社会民生需要的各个方面；同时提高企业生产积极性，释放经济发展活力，而经济发展又能进一步促进民生。二是建立了一个更为完善的社会安全网。国家依靠公共权力编制的社会保障网络、公共治安网络是刚性的，市场以经济利益为导向流动，而社会网络是沿着血缘、地缘、人际、宗教信仰等诸般维度立体存在的，三者叠加的社会保障网络才是最全面的。公共选择理论和新公共管理主义的改革实践，早已证明单纯依靠公共权力或市场机制来提供基本民生服务都是存在固有缺陷的。以国家为主导建立正式制度并提供公共财政支持，发挥市场效率优势提供公共产品，并以社会治理创新非正式制度来解决民生难题，既能克服福利国家的沉重负担，又可避免新自由主义模式对公平价值的背离。

（2）横向比较。

与西方社会民生建设的五大模式相比，中国特色社会主义民生建设有三大突出优势。

首先，与自由主义模式相比，中国特色社会主义民生建设更注重公平。不论是古典自由主义还是新自由主义，不论是镇压工人运动还是减少富人纳税，自由主义模式始终强调其主张服务于市场效率，只有自由市场才能带来帕累托最优，让人人都受益。这种形式逻辑就学术研究而言，严谨且有美感。但置于社会与历史场景就不免显得天真和冷漠了。以“贫穷是因为懒惰”这一道德指摘而论，自由主义经济学家很大程度上低估了食物、住所、受教育机会和社会资本等稀缺资源的匮乏对一个社会底层人士的锁定效应，也忽视了由这种匮乏产生的可怕的代际效应。对效率的一味追求，必将以一部分社会成员的福祉为代价，导致他们被社会发展所排斥。近年中国社会保障制度力求统筹城乡和区域发展，就是为了追求不把任何一个人排斥在经济和社会发展之外。

其次，与国家干预主义模式相比，中国特色社会主义民生建设具有效率优势。“从出生到摇篮”的保障承诺使得福利国家背负了沉重的社会福利负担，同时，自由主义经济学家抨击的鼓励懒惰、伤害市场效率的情形也在福利国家出现了。无差别的全面社会福利制度存在一个硬伤——如何解决“搭便车”问题。中国的社会保障制度按照权利与责任对等的原则设计社会保险项目，社会福利供给也强调与各地经济和社会发展水平相适应，从制度源头上避免了不合时宜的社会福利目标损害各地经济与社会发展效率。

最后，与西方社会民生建设模式相比，中国特色社会主义民生建设有着本质不同。宗教慈善服务于教皇、国王和贵族的统治，自由主义模式、国家干预主义和“第三条道路”服务于资产阶级、君主和贵族等少数群体的利益，唯有中国特色社会主义民生建设服务于最广大人民群众的民生需要。

（3）内涵解析。

基于对中国社会民生建设模式的纵向梳理及其与西方社会民生建设主要模式的横向比较，得出改革开放以来中国民生建设的内涵，叙述如下。

中国民生建设是一项由中国共产党领导，以满足最广大人民群众民生需要为目标（不同于资本主义世界和中国传统社会），以权利与责任对等（不同于国家干预主义）、公平与效率兼顾（不同于自由主义）为原则，依靠制度落实和改革推进（不同于中国传统社会），由国家主导、市场参与、社会力量共同承担（不同于传统公共行政和新公共管理主义）的社会主义事业。

10.2 浙江民生建设内涵解析

基于对中国历史上和西方近代以来民生建设的主要思想和模式进行梳理和比较分析，本章已经得到了中国特色社会主义民生建设区别于传统社会和西方国家民生建设的独特内涵。浙江民生建设从属于中国特色社会主义民生建设，共享其内涵的所有独特属性。同时，相较于国内其他省域，作为经济与社会发展领先地区，浙江在富民安民、教育现代化、健康、公共安全、社会保障和社会福利等民生领域都有不俗的成绩。下文将探索浙江民生建设除具有中国特色社会主义民生建设一般内涵之外，还具备怎样的独特内涵，以便为浙江未来民生建设和其他省域民生建设提供一些有价值的启示。

10.2.1 浙江民生建设实践

在政治改革、经济建设和社会发展的方方面面，浙江始终紧跟党中央的步伐，在民生事业上也是如此。浙江各级党委、政府始终坚持一切为了群众、一切依靠群众，回应人民群众最迫切的民生需要，力求满足人民群众对美好生活的向往。下文将梳理浙江自进入21世纪以来民生事业现状和近年来在民生建设上的工作和最新成绩。

（1）浙江健康事业。

人民健康是社会文明进步的基础，也是国际社会评价一国文明发展程度的重要指标。人民健康水平关系到一个国家和地区经济与社会和谐可持续发展能否顺利推进。依照马斯洛需求层次理论，人的需要由低到高可以分为5个层次，它们同时存在，但当更基础的需要（生理需求，恰好对应人民群众最基本的健康需求）尚未被满足时，更高层次的需要通常会处于促动状态或被压抑状态。显然，如果没有健康的体魄，一个人很难去体会和享受物质与精神生活。① 因此，人民健康是关系到人民能否真正享受到国民经济和社会发

① 马斯洛:《动机与人格》,许金声译,中国人民大学出版社2010年版,第138页。

展成果的基石。自2016年《“健康中国2030”规划纲要》颁布以来，人民健康事业在中国已经上升到了国家战略高度。浙江省委对这项纲要高度重视，在省委省政府的关注下，浙江仅用时3个多月就编制了《健康浙江2030行动纲要》。在接下来的3年多时间里，浙江以高质量高水平建设健康浙江为目标，以打造健康中国试验示范区为定位，在健康教育、健康生活、健康医疗、健康环境等方面取得了实质性进展。

为了传播从疾病治疗到全民健康的理念，提高“从以治病为中心向以健康为中心转变”的知晓率，浙江各地基层政府兴起了健康教育行动，教育形式丰富、内容多样。教育活动多数由社区组织，由周边学校、医院和各类社会组织等多方合作，发挥各类组织的专业优势，提高健康教育科学性和专业性水平；有的开辟专门场地搭建以青春教育、老年健康、家庭保健等为主题的教育基地，有的充分利用社区和周边组织的场地灵活地组织教育活动；各地普遍运用了互联网载体和技术，来丰富教学和互动形式，强化健康教育效果，初步形成了“网格＋互联网＋大服务”的健康教育模式。

在城市化的进程中，人民生活变得便利的同时，一些不健康的生活方式也逐渐流行起来。“低头族”“外卖党”“刷夜族”这些网络流行语背后折射出的是当代颈椎疾病、肠胃病和猝死等健康隐患。一些基层社会组织开始主动担负起引领健康生活风尚的职责，设计了一些健康生活行动。例如，有的城市社区为了满足城市人对田园生活的向往，也为了解决社区绿化被无序种菜的问题，深入社区住户家庭进行调研，并邀请专业机构对绿化和菜园进行规划设计，成功打造了有序菜园。在满足社区居民城市田园梦的同时，也在工作过程中向社区居民传递了健康生活理念。类似的活动成功地让健康生活的理念开始传播和流行。

在医疗制度领域，浙江省继续推进医疗保障制度的完善，《2019年城乡居民基本医疗保障工作实施方案》就明确了浙江省统筹城乡医保、科学确定筹资标准、提高大病保险保障能力和提升医保待遇水平等一系列重要举措。目前，浙江省的医疗保障制度在医疗保险保障能力和医保待遇水平等方面都走在全国前列。一个代表性的制度是浙江省自2019年7月1日开始实施的全省统一的城乡居民慢性病门诊保障制度。目前该制度覆盖了12个省定慢性病，医保支付范围内药品达到5669种，不仅延长了配药量，认定了5700多家零售药店作为医保配药点，还做出了报销比例不低于60%的规定，真正解决了慢性病患者家庭配药难和买药贵的问题，惠及全省628万余个慢性病患者。在医疗设施和技术水平方面，作为中国互联网经济重镇之一，浙江依托互联网技术开办医院平台，进行前沿医疗技术创新均有重要突破。

在健康环境方面，在习近平总书记“绿水青山就是金山银山”理论指导下，浙江自2005年起就注重经济发展和生态保护之间的平衡，这也为健康浙江战略的实施奠定了重要基础。各地政府除了在生产环节注重对环境保护的监管，还在与人们生活最息息相关的生活空间和场景进行环保建设。各地以“美好社区/乡村”“文明社区/乡村”“健康社区/乡村”为主题，对城乡居民的居住环境进行专项治理，治理方向包括水环境、公共卫生、照明、道路和空气等，力求为城乡居民的健康生活打造一个清洁、安全的环境。目前，健康环境已经成为浙江各地建设美丽乡村和打造健康社区的重要环节。

（2）浙江平安事业。

“家宅平安”“出入平安”“平安顺遂”这些中国人常用的祈祷和祝福语，表达了人民群众对平安的朴素渴望。党的十九大报告中，习近平总书记将建设平安中国、加强和创新社会治理上升为基本方略。对于浙江，平安建设的契机发端更早。早在习近平同志在浙江工作期间创造性地提出并实施“平安浙江”建设战略之时，浙江各地就已经开始为平安建设积累经验。近年来，浙江各地在此前平安浙江建设的基础上再接再厉，不论是实践中制度创新的影响力，还是指标评价维度，均走在全国前列：浙江各地众多生动的平安浙江实践为平安建设积累了不少制度创新成果，如“枫桥经验”的复制与发展；人民群众的安全感满意率持续提高，在2019年达到了96.84%，刑事发案、信访总量、生产安全事故总量连续保持“零增长”。

自从20世纪60年代，浙江诸暨枫桥镇“小事不出村，大事不出镇，矛盾不上交”的“枫桥经验”就在政法战线的宣传下，成为基层社会治理创新的典型。如今，“枫桥经验”在浙江各地已经形成了各种各样的新版本。从省级层面来看，各地一致行动的“枫桥经验”新实践主要由乡镇与村级综治工作中心和县级社会矛盾纠纷调处化解中心创建，形成了一个县—乡—村三级上下联动，集综合治理、人民来访接待、矛盾纠纷多元化解、诉讼服务、公共法律服务、心理服务等多元功能于一体的县域社会治理机构。2019年起，浙江省委启动了对县域社会矛盾纠纷调处化解中心的“最多跑一次”改革，基于前期调研和论证分析，将此前各地尝试吸纳的社会治理功能以建制入驻中心的方式进行制度化，确立了“群众信访和矛盾纠纷‘只进一扇门’，‘最多跑一地’，‘就地解决’”的改革目标。

除了机构创建，各地还实现了平安建设机制的创新。一是社会风险防范体制与机制的完善，一个“人防、物防、技防、心防”四防并举，社区、社会组织和社会工作三社联动的社会风险防范机制建成。其中，在技术日新月异的背景下，技防亮点突出。各地政府依托大数据、云计算、区块链和人工智能等前沿技术，探索跨条块的社会治理联动，形成了对社会风险防范的4个精准——“精准分析、精准治理、精准监督和精准反馈”。另外，人防在改革背景下成为制度化创新的一个重要源泉。以诸暨法院的“四环指导法”为例，它诞生于枫桥经验的形成地，受到当地社会治理创新浓郁氛围的鼓舞，诸暨法院基于对当地法律诉讼规模、流程、案件种类及特征等情况的分析，逐步探索出“四环指导法”，行之有效地降低了诉讼案件规模，使得当地法院能够“有更多精力去办其他一些疑难复杂的案件”。类似地，桐乡在完成万亩土地征收过程中创造性地设立了百姓参政团、道德评判团与法律服务团，形成了“自治、德治与法治”三治融合的新机制，被写进了党的十九大报告，随后在浙江各地再次兴起“三治融合”学习和推广浪潮。

（3）浙江文教事业。

教育是民族振兴的基础性工程，让每个孩子都能享有公平而有质量的教育，不仅关系到个人与家庭的收入与发展，还会影响一个地区、国家乃至整个民族的长期发展。自传统社会形成以来，中华文化历来重视教育。但近10年来，社会中“读书无用论”逐渐传播和流行。这反映了现行文教事业存在的一些问题，例如教育资源不平衡与教育机会不公平导致的“寒门再难出贵子”，素质教育推行不顺畅，应试教育难改革，导致中小学学生“书包越来越沉、课越来越多”的课业负担问题，等等。因而，优先发展文教事业是浙江民生建设的重要原则。

遵循党的十九大做出的优先发展教育事业、加快教育现代化、建设教育强国的重大部署，浙江省委、省政府一直坚持树立“教育是最大的民生”的理念，始终把教育放在优先发展的战略位置；落实立德树人根本任务，推进教育改革，加快补齐教育短板，加速推进教育现代化。

浙江在促进教育公平、优化家庭教育、为贫困学生筑梦和用文化滋养心灵等方面投入了大量财政，打造了大量教育改革项目，形成了不少教育改革与实践的成功案例。以“城乡同上一堂课”项目为例，这是浙江省2019年民生实事项目之一，项目核心内容是“全面推进‘互联网＋义务教育’，推进1000所中小学校结对帮扶，城乡孩子共享优质教育资源”。基于城乡同步课堂、远程专递课堂、教师网络研修、名师网络课堂等帮扶形式，首批乡村千所中小学学生享受到了城市中小学优质的师资与教学服务，还促进了城乡教师在教学理念与方法等方面的交流，项目得到两地师生与家长的广泛好评。

（4）浙江养老事业。

我国老龄事业及产业高质量发展存在技术性问题，大数据、人工智能等新技术应用不够，养老事业和产业管理水平较低。目前，我国对高科技智慧化养老技术投入不足，海外养老企业掌握高端核心技术，对国内的市场渗透也在持续加强，而我国当前的养老服务体系模式相对比较单一，主要以生活照料和康复护理为主，个性化、多元化养老公共服务还比较薄弱，特别是中国养老服务信息化面临挑战，即家庭养老弱化、服务水平有待提高、养老床位供不应求，医院、医疗机构多处于分离状态，国内尚未出现完整意义上的智能养老示范点。老龄事业与旅游、制造、养生、医疗、教育等产业高质量发展的融合性问题亟待解决。基层养老服务单位居家养老服务资源的供给没有实现规模效应，需求的不足使得社区居家养老服务的供给呈萎缩状态；并且融合程度不够，不能形成统领和示范效应。因此，要以老龄需求为研究基点，从解决供需矛盾视角来研究不同情境下的分类治理，探讨政府主体、市场主体在老龄事业和产业领域的治理边界，从多主体联动视角构建推动我国社会化智慧养老服务的生态系统。本书重点从社会化养老服务需求—场所—服务的智能匹配技术入手，构建“居家、社区、机构”“政府、社会组织、志愿者”六位一体资源综合联动模型；开展“互联网＋”生态链养老管理平台技术研究，开展老年人动态智慧监护、“物联网＋”智慧化养老关爱等集成研究；基于大数据分析，智能评估老年人的安全状态及服务需求，构建老年人智能立体化贴心关爱体系。以大数据平台的数据采集、解析、匹配为技术手段，通过对养老相关的健康需求、医疗需求、生活需求、交通需求、环境需求等大数据解析，对养老服务的供求关系、供求系统、供求机制进行分级分层分类研究，探索建立在大数据支撑下与之相匹配的理论模型和示范样本，在精准购买、精准服务、精准决策，以及在养老服务管理过程的结构优化、流程再造、服务创新中发挥重要作用。本研究拟从宏观、中观和微观 3 个层面思考理论框架构建，综合借鉴管理学、经济学、社会学等学科理论，最终在宏观整体层面以制度逻辑理论为基础，构建出老龄事业和产业发展的基础框架。中观层面以社会生态理论、产业生命周期理论和产业价值链理论为基础，微观层面以混合组织理论、战略管理理论和组织核心能力理论为基础，构建系统化分析框架。

（5）浙江慈善事业。

慈善事业是国家经济与社会发展的重要支持力量，对保障和改善民生、维护社会公平正义、促进社会和谐稳定、推动社会文明进步等都具有重要意义。浙江自古富庶，浙商历来有重义轻利、崇德向善的传统，加之海外浙商回馈家乡的情怀与善举，浙江是全国慈善事业出现最早的一批地区之一，且慈善事业活跃度和社会影响力都走在了全国前列。

浙江是全国较早颁布慈善政策法规的地区之一，先后颁布了规范与监督华侨捐赠、志愿服务、企业社会责任、孤儿与困境儿童福利等领域慈善事业的法规。早在 2005 年浙江省就颁布了《浙江省慈善事业发展指导纲要（2006—2010）》《浙江省慈善事业发展指导纲要（2011—2015）》，为浙江慈善事业做出了明确的规划，将慈善事业摆在了重要位置。2019 年元旦，《浙江省实施〈中华人民共和国慈善法〉办法》正式施行，这是全国首部慈善领域的省级地方性法规。在浙江各级党委、政府的高度重视和支持下，浙江慈善事业发展迅速。在组织机构方面，浙江各级民政部门核准登记的公益慈善组织覆盖浙江所有县域，数量众多，且细分的专业型公益组织不断涌现；在慈善形式方面，浙江的品牌基金会和品牌慈善项目数量多、影响大、成效好、社会评价高。

浙江慈善事业的兴旺还使得慈善精神被政府治理所吸纳。浙江各级党委和政府在社会治理中注重以善治理念为引领，包括近年来实行的如火如荼的“最多跑一次”改革也是寻求善治的最新实践。而善治理念的核心——党和政府全心全意为人民服务宗旨，与济贫救穷、扶危救困的慈善精神是高度一致的。

浙商企业的慈善信念和公益行动是浙江慈善事业的一个亮点。善治善行以济世的善行文化，早在西方企业社会责任这一概念形成之前的传统社会就已经随着浙江商贾的善行而深入人心。当前依托互联网产业的兴起，“互联网＋公益”的新慈善模式是浙商慈善公益行动的新模式，具有在丰富慈善参与场景的同时，高效传播慈善、友爱、环保、勤奋等正能量价值观，增加慈善透明度和社会影响力的优势。

（6）浙江政府治理中的民生面向。

政府改革是中国改革开放战略的重要组成部分，党的十九大报告提出“转变政府职能，深化简政放权，创新监管方式，增强政府公信力和执行力，建设人民满意的服务型政府”的改革导向。依照习近平总书记的指示，浙江各级党委和政府建设人民满意的服务型政府，一方面注重从理论上提高认识，另一方面积极探索，从经验中进行总结，在政府改革方面积累了不少具有引领性的改革理论和有益的实践经验。而其中极为重要的一条理论启示也是改革经验，是改革“以人民为中心”的中心思想。

“最多跑一次”改革从倡议起到2020年秋天，已经进入了集中发力引发乘数效应的阶段。以“四张清单一张网”改革为抓手，在省、市、县、乡四级全面推进：浙江省先是在2017年相关文件中明确了“最多跑一次”由谁做、做什么、怎么做和如何评价等涉及改革如何进行和评价的关键事项，为改革能够落到实处、形成科学的评价并持续推进奠定了坚实基础；2018年，又针对改革进程中遇到的实际问题做出了补充规定，一是在立法层面破除了群众反映的改革难点和痛点问题，二是专门设置了容错免责条款，支持各地因地制宜积极探索，不必有后顾之忧；到了2020年，浙江在信息库和网络等技术系统方面完成了大量工作，不仅整理归集了多个重要的数据库，还梳理确认了省直部门前 100 项办事事项的数据系统，25 个省级部门 45 个信息孤岛对接也已基本完成。令人欣喜的是，浙江“最多跑一次”改革还产生了溢出效应，撬动了浙江各方面各领域的改革朝着“以人民为中心”的方向推进。

除了“最多跑一次”这张金名片，智慧+服务型政府的建设也是浙江政府治理的重要经验。以城市大脑为依托建设的亲清在线系统，能够实现企业诉求在线直达、政府政策在线兑付、政府服务在线落地、政策绩效在线评价、审批“许可”在线实现等五大功能，将“最多跑一次”切换到互联网场景，推行“最多点一次”。在 2020 年新冠肺炎疫情防疫抗疫过程中，依托城市大脑、依靠健康码进行精准防疫，成为浙江防控疫情成效卓著的重要基础。

早在 2004 年，时任浙江省委书记习近平就提出“就业再就业、社会保障、医疗卫生、基础设施、城乡住房、生态环境、扶贫开发、科教文化、权益保障、社会稳定”等集中了群众最关心的 10 个方面问题，反映了群众最直接的呼声，代表了群众最现实的利益。浙江各级党委和政府还在工作过程中在“以人民为中心”的思想指导下，逐渐发展出一套为民办实事长效机制。

（7）浙江工商业实践里的民生发展。

经济发展、人民富裕是民生事业建设与发展的根基。浙商作为浙江经济发展的中坚力量，在民生事业发展中扮演了至关重要的角色。自中华人民共和国成立以来，浙江各地党委、政府与各地浙商的互动过程经历了这样 4 个发展阶段：①1949—1980 年，党和政府通过多方努力，在政策上逐渐松绑，为浙商创造出一个生长环境。②改革开放以后，政府对浙江民营企业的发展积极引导管控，致力于建立公平竞争的环境。同时，扶持和鼓励浙商向着文化产业发展，形成浙商文化，促成了 1980—2000 年浙江民营经济的快速发展期。③21 世纪以后，政府把握市场需求，为促进浙江发展出台了一系列激励政策，积极引导浙商在追求经济利益的同时，主动承担社会责任，反哺社会，树立良好的浙商形象。在 2000—2010 年，政府不断推出有利于浙江民营企业发展的政策，此时期成为浙江民营企业发展的突破期，浙江民营企业实现跨越式发展。④自 2010 年以来，政府更加注重制度建设，充分从社会主义社会本质要求出发，在多个重点领域获得突破性成就，围绕自身治理优势，深入推进富强浙江、平安浙江、美丽浙江、文化浙江、法治浙江、清廉浙江建设，为浙江民营企业营造良好的环境，积极鼓励将亲清新型政商关系落到实处，促进二者良性互动。

中华人民共和国成立 70 多年来，浙江各级党委、政府在工商业方面的政策、对民生的政策，与浙商的工商业实践与精神契合度越来越高，拧成了浙江民生发展的一股合力，以人民群众对美好生活的向往为目标，促进浙江省在社会主义民生建设的事业中走在前列、勇立潮头。

10.2.2 浙江民生建设内涵

在梳理了浙江多个民生领域实践的当前成绩和积累的经验后，本小节将浙江民生建设的思想、路线和行动与中国民生建设的一般内涵进行对比，发现浙江民生建设除了具备中国民生建设一般内涵的各项特征，同时还在理论探索与沉淀、建设机制的探索与总结方面体现了显著的引领性。

（1）浙江民生建设符合中国民生建设一般内涵。

中国民生建设是一项由中国共产党领导，以满足最广大人民群众民生需要为目标，以权利与责任对等、公平与效率兼顾为原则，依靠制度落实和改革推进，由国家主导—市场参与—社会力量共同承担的社会主义事业。浙江民生建设与党中央确立的民生事业大局，有着高度一致的目标、原则、推进抓手和建设主体。

首先，浙江各级党委、政府始终秉持党中央“为人民服务”“以人为本”的价值立场，将人民群众最关心最迫切的需要作为改革的目标。

其次，从社会保障制度等正式制度到健康教育机制等非正式制度，浙江民生制度的构建始终不曾背离权责对等、公平与效率兼顾的整体原则，力求打造一个公平、正义、高效的民生制度体系，作为民生建设的根基。

再次，在民生改革与建设机制的创新探索、法律法规等政策性文件的编制和改革成功经验在各地相关部门之间的交流、学习和推广等方面，浙江各级党委、政府都十分重视，不仅形成了鼓励创新探索的积极氛围，还形成了创新探索和经验制度化的丰富经验。

最后，浙江民生建设已经形成了国家主导—市场参与—社会力量共同承担的理想格局。一是浙江各级党委、政府通过民生导向的政府改革、布局和落实重大民生项目成为浙江民生建设的中流砥柱；二是以浙商群体为代表的市场力量从解决自身温饱，到“达则兼济一方”，再到在国家引导下进入民生关键领域，为浙江民生建设贡献市场效率；三是各类社会组织在“三社联动”格局下融入浙江民生建设的方方面面，成为解决一些民生痛点和难点不可或缺的补充力量。

（2）浙江民生建设体现理论与实践双重引领性。

在高度遵循党中央和中央政府确立的民生建设战略的同时，积极进取、勇于探索、勤于积淀的浙江民生建设，在理论思想和实践机制方面体现了走在全国前列的引领性。

在理念和思想方面，浙江民生建设在坚持“为人民服务”宗旨的基础上，在实际工作过程中还形成了“把解决民生问题放在一切工作的首位”的工作定位、“民有所呼，我有所应”的工作路径和“狠抓落实，善于同群众说话”的工作方式。作为习近平民生思想的诞生地，浙江在21世纪的头几年就高度重视民生建设，落实了一系列围绕民生的大事，民生建设取得了突破性发展：统筹兼顾、协调推进，经济与民生实现良性循环；重在坚持、贵在长效，民生建设体制机制持续完善；加大投入、强化支撑，民生保障体系更加完善；抓住重点、久久为功，民生事业发展水平全面提升。因此，浙江早于全国形成了一套科学的民生建设思想体系——以人民为中心，满足人民群众对美好生活的向往；以经济为保障，推进经济与民生建设的和谐发展；以改革为动力，转变体制创新机制改善民生保障；以建设为抓手，突出普惠性基础性重点民生工程；以问题为导向，坚持科学精神务实态度服务民生。

在实践机制方面，浙江民生建设特别注重对机制体制创新的探索，并且以群众评价和专家论证等方式遴选出人民群众满意的、行之有效的成功模式，以法律、法规、政策性文件等给予其正式制度确认，一些相对微观的成功经验也在省级各地各级相关部门之间传递推广。日积月累，浙江民生建设实践不仅形成了许多具有洞见的理论和思想，还积累了一套推进民生建设落到实处、真正服务于满足人民对美好生活向往的民生建设模式。

基于前文对浙江民生建设实践的梳理，本章发现浙江民生建设已经形成了一个高效、科学的民生实践模式。

综上所述，中国民生建设是一项由中国共产党领导的，以满足最广大人民群众民生需要为目标（不同于资本主义世界和中国传统社会），以权利与责任对等（不同于国家干预主义）、公平与效率兼顾（不同于自由主义）为原则，依靠制度落实和改革推进（不同于中国传统社会），由国家主导—市场参与—社会力量共同承担（不同于传统公共行政和新公共管理主义）的社会主义事业。高度遵循党中央和中央政府民生建设战略，浙江民生建设实践在建设目标、改革原则、推进抓手和建设主体等方面都共享中国民生建设事业的一般特征。立足浙江经济与社会发展的特殊进程，浙江民生建设在理论思想和实践机制方面均体现了走在全国前列的引领性。

11 未来的民生建设与浙江精神表达

依据2020年初浙江省人民政府向省人大提交的政府工作报告，浙江省在2019年着力保障与改善民生，圆满完成了民生十件事，教育、医疗、体育事业持续发展，就业、养老、社会保障、住房等保障能力加快提升，平安建设扎实推进。但民生领域依旧存在不少短板：群众对教育、医疗、养老、托幼、生态环境等方面还有不满意的地方；猪肉等食品价格上涨过快；安全隐患仍然较多，一些行业和领域安全生产事故时有发生；部分区域、流域防洪排涝能力不足，应急体系和应急能力建设有待加强。

作为中国革命红船的起航地、中国改革开放的先行地和习近平新时代中国特色社会主义思想的重要萌发地，及新时代全面展示中国特色社会主义制度优越性的重要窗口，未来浙江民生建设将持续开拓创新，并且凝练出新的浙江精神，指引浙江经济建设、社会建设、政治建设、文化建设和生态环境保护开创新局面。

11.1 未来浙江民生建设的内涵变迁

浙江民生建设始终紧跟党中央与中央政府制定的民生建设战略，实行改革开放，尤其是21世纪以来，浙江民生建设在民生十件事上均实现了重大突破，在医疗与社会保障等领域的民生投入与建设成果走在全国前列，积累了不少制度创新成果，成为民生建设持续推进的重要基础。 在民生建设这条道路上，浙江各级党委、政府将继续围绕以人民为中心，实现民生建设的内涵变迁。

内涵变迁对于民生事业至关重要，它将规定民生事业为谁谋福利、民生事业谋哪些福利、民生建设如何为他们谋福利，它为民生事业发展塑造一个框架，明确民生事业的根本目标、民生建设的核心内容、民生建设的制度基础。

在中国民生建设一般内涵的指引下，浙江民生建设实践在建设目标、改革原则、推进抓手和建设主体等方面都共享中国民生建设事业的一般特征；立足浙江经济与社会发展的特殊进程，浙江民生建设在理论思想和实践机制方面均体现了走在全国前列的引领性。

未来，浙江民生建设将继续高度遵循党中央和中央政府制定的民生建设战略，并且在理论思想和实践机制等方面继续开拓创新，开创中国特色社会主义民生建设的新局面。

11.1.1　继续引领理念的更新与突破

党的十八大以来，习近平总书记多次强调“人民对美好生活的向往，就是我们的奋斗目标”。 这一庄严承诺，既是我们党全心全意为人民服务根本宗旨一脉相承、一以贯之的体现，也突出反映了民生问题在习近平总书记心中的位置，成为党的十八大以来党中央执政为民的一面鲜明旗帜。 在此理念的指引下，浙江将继续强调民生建设乃至五位一体发展的全局最终都以人民为中心，继续坚持“以人为本”，“促进人的全面发展”。

那么，什么是民生需求？ 在进入新常态发展阶段之后，人民群众对民生需求有了哪些新要求、新观念和新感受？ 准确、全面地掌握人民群众民生需求的新变化，是浙江后续推进民生建设的前提和基础。 而对民生需求的新理解在浙江已进入了智能化阶段。

依托政务服务系统、城市大脑海量数据，浙江各级政府可以精准有效地分析出人民群众已经被较好满足的、基本满足的、有待满足的和亟待满足的民生需求是什么。过去，受限于技术与人、财、物的不足，政府对各类民生需求的评估主要依靠各级政府工作人员的走访、对相关文件档案的梳理。通常这样的工作方式也能够把握民生需求的大致方向。随着国内公共管理学科的建设与兴起，各级政府与高等院校等科研机构的合作，一定程度上提高了政府民生需求评估的科学性和准确性。如今，各地政府依托大数据技术使民生需求评估的精准度实现了飞跃式突破。以“停车难”这一困扰大中城市的典型问题为例，我们对这一民生需求的评估实现了以下 3 个阶段的发展。早期，我们通过基层社区工作者在邻里的走访、交通运输部门的执法观察和人民群众通过相关政府口径的情况反映，获悉停车难是一个影响公共交通安全、妨碍社区生活秩序、使得人民群众出行办事增添不便的一个民生难题。后来，与科研机构合作，借助土地资源管理、城市空间规划和公共事业管理等学科的专业技术、方法和理论，以区、县乃至市为单位，对辖区内停车难问题进行了一个系统的、精度更高的评估分析，形成类似停车位资源/需求的分布地图，一目了然地掌握停车需求，并据此形成解决方案。但随着社区空间、城市道路、楼宇等的改造与建设，停车难问题在时间上呈现动态变化的特征，在空间和社会领域方面又是互相影响的。而随着大数据技术在城市治理中的应用推广，政府和民众对停车难问题的理解更加准确。因为大数据技术能够很好地还原动态变化特征，并用于探索交叉影响的系统性问题。

未来浙江将继续以人民群众对美好生活的向往为奋斗目标，依靠政府不断创新和发展执政能力，提高判断与评估人民群众对美好生活需求的全面性与精准度。在此基础上，为了满足人民对美好生活的向往，浙江各级政府将对民生建设提出具有远瞻性、高标准的行动计划，继续坚持和发展准确理解人民群众的民生需求、精准回应人民群众的民生需求两步走，根据人民群众对民生需求的新发展加深对民生建设思想与理论的理解与创新，持续引领民生建设理念的更新与突破，为高质量建设浙江民生事业明确方向。

11.1.2 继续全面提升浙江民生水平

早在 2004 年，浙江省在《关于建立健全为民办实事长效机制的若干意见》中，就明确了“就业再就业、社会保障、医疗卫生、基础设施、城乡住房、生态环境、扶贫开发、科教文化、权益保障、社会稳定”十大人民群众最关心的民生问题。2018年，浙江省政府还印发了富民惠民安民行动计划（分健康篇、教育篇和就业保障篇）：“健康篇”提出要深入实施健康优先发展战略，深化健康领域供给侧结构性改革，进一步提升人民群众健康素养；“教育篇”提出要发展素质教育，推进教育公平，深化教育改革，加快实施教育现代化战略和高等教育强省战略，持续推进教育事业发展；“就业保障篇”提出要从就业社会保障领域发展最急需、群众最关切的问题入手，抓重点、补短板、强弱项，加快补齐民生短板，促进人的全面发展，在劳有所得、病有所医、老有所养、弱有所扶上不断取得新进展。

“健康篇”的民生建设：浙江计划到2022年基本建成标准化、智慧化、品质化、人文化的高质量、高水平浙江特色健康服务体系，让人民享受更科学普及的全民健身服务、更安全放心的食品药品、更高水平的全生命周期医疗卫生服务和更优质多元的养老服务。“教育篇”的民生建设：浙江计划到2022年高水平实现教育现代化，50%以上县（市、区）创建为全国义务教育优质均衡县，高等教育毛入学率超过65%，基本建成高等教育强省。“就业保障篇”的民生建设：浙江将继续实施高质量就业促进工程、更可靠社会保障提升工程，着力建设高质量民生保障网，计划到2022年实现就业创业公共服务全面提升，社会保障能力与可持续性明显增强。

显然，延续民生十大方面的工作思路，浙江不仅会在“健康篇、教育篇与就业保障篇”上持续推进，追求高质量民生建设，还会陆续推出社会保障、医疗卫生、基础设施、城乡住房、生态环境、扶贫开发、权益保障和社会稳定等其他民生重要方面的工作计划，继续全面提升浙江民生水平。

11.2 未来浙江民生建设的形式变迁

浙江民生建设迄今为止已经取得了不少实质性成果和阶段性成就，这一切在围绕以人民为中心的民生建设内涵指引之外，更离不开经济发展夯实民生建设的根基，离不开政府改革优化民生建设的制度环境，离不开治理创新保障民生建设事业落到实处。

第一，民生建设形式变迁对于民生事业达成目标是最为关键的，它决定了为人民群众谋福利的一个个民生事业目标能否实现、一桩桩民生大事能否落实、一项项民生工程能否完成。权责明确、路径清晰、工作高效的民生建设形式，是民生事业实现的重要保障，是浙江未来将不断探索、持续优化的一项重点工作。

第二，经济发展夯实基础。“促进社会公平，增进民生福祉，不断实现人民对美好生活的向往”是《中华人民共和国国民经济和社会发展第十四个五年规划和2035年远景目标纲要（草案）》中提出的必须坚持的原则。脱贫攻坚取得胜利后，“全面推行乡村振兴”成了“十四五”期间的重要考题，因此增进人民群众幸福感、获得感、安全感的民生建设是经济社会发展必不可少的重要保障。2021年国务院政府报告中也提出：注重民忧、纾民困，及时回应群众关切，高质量改善生活条件，增进人民群众幸福感、获得感、安全感。这就要求服务保障乡村振兴“护民生”，紧扣“三农”工作重心从脱贫攻坚历史性转移到全面推进乡村振兴后的新任务新要求，要想群众所想、急群众所急，明确群众的需求在哪里，推动完善乡村治理体系，努力解决群众的痛点、难点、堵点。大力推进智能化和信息化建设，密切与群众的血肉联系，在国家治理层面紧紧围绕人民群众的实际需求，努力实现人民群众对美好生活的向往。另外，还要优化营商环境“赢民心”。发展是解决我国一切问题的基础和关键。加快构建以国内大循环为主体、国内国际双循环相互促进的新发展格局，是“十四五”规划纲要草案提出的一项关系我国发展全局的重大战略任务。要进一步优化营商环境，助推双循环经济行稳致远，继续让企业轻装前行。特别是在新冠肺炎疫情等重大突发性公共事件发生后，助力企业复工复产，支持企业发展，帮助企业渡过难关。最后是参与基层社会治理“晓民声”。不断提升服务“六稳”“六保”能力水平。创新发展新时代“枫桥经验”，构建源头防控、排查梳理、纠纷化解、应急处置的社会矛盾综合治理机制，化解矛盾纠纷等工作都是浙江民生保障对经济社会发展形成的制度经验和经典案例。

第三，政府改革优化制度。在浙江多年改革的探索和积累之上，依托

“最多跑一次”改革，浙江各级政府在构建为人民办事的服务型政府方面已经取得了重大突破。面向企业、社会组织、家庭和个人，浙江各级政府简政放权、放管结合、优化服务，不仅提高了服务效率，丰富了服务功能，还解决了曾经困扰人民群众的一些难点、痛点问题。

第四，民生财政攻克艰难。对于“就业再就业、社会保障、医疗卫生、基础设施、城乡住房、生态环境、扶贫开发、科教文化、权益保障、社会稳定”等广大民生大事，浙江持续保障财政投入，支持普惠性基础性重点民生工程的建设，攻克人民群众最关心最急盼的民生难题。

第五，治理创新保障落实。在国家主导和市场参与之外，民生建设成果落实到千家万户，离不开社会治理的有益补充。浙江各级党委、政府特别欢迎和鼓励人民群众、社会组织进行治理创新，并及时对成功经验和挫折教训进行分析、学习和推广。

11.2.1 继续遵循民生与经济良性循环机制

人民对美好生活的向往必须以社会生产力的发展为根基。生产力发展是一个社会发展的最终决定力量，同时也是改善民生的根本保障。习近平在浙江工作期间就曾提出民生建设与经济发展良性互动关系的论断，强调既要通过发展经济为持续改善民生奠定坚实的物质基础，又要通过持续不断改善民生为经济创造更多的有效需求。要满足人民对美好生活的向往就意味着对经济发展和民生建设都提出了更高要求。

此前，通过统筹兼顾、协调推进经济与民生的一系列举措，浙江民生与经济已经找到了实现良性循环的工作模式。一方面，通过建立健全“大社保体系”、制定均衡公共教育政策、完善住房保障制度、推进收入分配制度改革及实行更为积极的就业政策等举措，浙江民生十件事的落地得到了保障；另一方面，为了营造优良的营商环境，浙江以“最多跑一次”改革为抓手，建设了面向企业的亲清在线政务系统，大大简化了行政办事流程，缩短了办事时间，为企业生产经营降低了行政审批成本，提高了生产经营效率。

未来浙江将继续“两手抓”。一方面，抓民生制度建设：继续深化为民办实事长效机制，在民生工作十大重点工作领域，继续推行民情反映、民主决策、责任落实、投入保障和督查考评五大工作机制；尤其是督查考评制度，将继续落到实处，确保每年的民生十件事确确实实得到了落实，并且基于民情民意调查获悉群众的满意度。另一方面，抓经济建设与发展：继续推行改革与服务并举，以供给侧结构性改革为切入点深化社会主义市场经济改革，为经济发展厘清并扫除结构性障碍，释放新的市场活力；继续以优化市场经济环境为目标，转变政府职能，以服务型政府改革为导向，积极营造优良的营商环境。

与此同时，随着改革开放不断向纵深推进，浙江将更为注重经济领域与社会领域改革的协同。例如，未来在县域医疗改革的推进中，浙江不仅会继续关注社会保障制度改革中内部城乡济民医疗保险制度改革与健康管理战略、就业促进与就业质量提升行动的协同，还会更加注重在宏观供给侧经济改革中，做到健康产业、医疗产业和支付产业等高度相关行业的改革规划，与县域医疗改革步伐协同一致。

市场繁荣、经济增长、人民富裕是改善民生的根本保障。在经济领域40余年来的改革过程中，浙江各级党委、政府与浙商在民生实践方面互动逐渐深入，精神日益契合，行动日益协同，拧成了浙江民生事业发展的一股重要合力。未来浙江将继续注重经济与民生政策统一，携手共进，继续深入推进经济领域与社会领域改革，进一步发挥以经济发展为齿轮、以社会和谐为轴承、两者耦合得当快速推进民生建设的动力效应。

11.2.2 继续鼓励机制创新，更为民主、敢为人先

人民群众是民生建设的目标受益群体，他们的声音永远是政府推进民生建设必须要聆听的。在浙江民生建设历程中，将人民群众的声音吸纳到民生建设事项中的制度创新案例层出不穷。

以浙江杭州“以民主促民生”的社会治理创新实践为例，群众的想法和参与在民生建设中至关重要。杭州“以民主促民生”的复合实践强调“以民为先”，“以人民群众呼声为第一信号”；以“四问四权”作为人民群众参与民生事业的制度基础，“问情于民、问需于民、问策于民、问绩于民”，构造一个由政府、群众和媒体组成的民主协商平台，来获悉民众对当前生活的感受、

了解他们的民生需求是什么、听取他们认为可行满意的解决方案是怎样的，并在民生项目实施后将人民群众的满意度和获得感作为民生项目评估的重要参考标准。类似这样的创新实践，都在因地制宜，基于各地民生建设的经济与社会条件进行探索。再以杭州闻堰街道为例，由于从镇改为街道，原本以镇为建制选举的人民代表无法继续行使职能，街道纪委在吸纳了当地人民群众的呼声与建议后，探索了“市民议事代表制度”，解决当地辖区缺乏代表反映人民群众的声音、行使代表权利的断档问题。

在过去几十年的民生建设探索中，浙江各地已普遍营造出了积极鼓励社会治理创新的氛围，各级政府还形成了将社会治理创新成功经验通过法律、法规等形式制度化确定下来的工作惯例。未来，浙江将继续依靠各地活跃的社会治理创新实践，创造性地将人民群众对民生需求的感受、理解和要求，有效地纳入民生建设的决策体系。

11.2.3 继续深化政府与政务改革

民生事业的发展离不开政府为其确定行动框架、优化工作路径。以服务型政府为导向的政府体制与政务改革在浙江已取得了实质性进展。

以“四张清单一张网”为抓手，浙江“最多跑一次”改革实践深化简政放权、放管结合和优化服务，不仅围绕着更好地服务企业、家庭与个人，理顺了过往掣肘民生事业发展的一些政府体制，还形成了统一、规范、透明的标准化、法制化办事流程。为了使城市实现更精细化的管理、提供更高效的民生服务，“智慧＋服务型”政府建设也是浙江各级党委与政府近年来重点布局的事项。杭州建设的亲清在线平台就是数字赋能政府服务的成功案例，该平台在 2020 年初新冠肺炎疫情之下，在帮扶、支持企业有序复工复产方面发挥了重要作用。持续推进与完善“以人为本”为民办实事长效机制，提高人民群众安全感、获得感与幸福感。自 2004 年以来，浙江坚持推进民生实事已经有 16 年了。截至 2019 年年底，仅省一级就实施了 126 项大的民生实事工程。

但以服务型政府为导向的政府体制与政务改革还需进一步深入。一方面，不同于广东、江苏等省域的强政府传统，浙江各级政府素来具有典型的弱政府特质。这一特质在社会主义市场经济改革的初期阶段，为各类所有制经济发展创造了重要的制度空间，发挥了重要作用。但随着改革开放的深入推进，垂拱而治的政府治理模式已经无法适应进一步推进经济结构改革与社会民生建设的需要，导致浙江政府存在公共治理力度不足等问题。另一方面，服务型政府与政务改革不等于放开手不作为；相反，为了应对产业分工进一步细化与复杂化、互联网行业超出传统市场监督框架等新挑战，服务型政府改革意味着要不断强化政府执政能力、优化政府治理机制、提高政府公共管理效率。

因此，抓住"最多跑一次"服务型政府改革势如破竹的机遇，未来浙江各级政府将进一步深化政府与政务改革，打造一个"弱管制、强服务"的公共行政体制与政务系统。

11.3 未来浙江民生建设的载体变迁

民生意为人们的生活，它不仅由政治、经济、社会和文化等多个维度构成，包含个人、家庭、群体、社区和地区等多个层次的社会行动者，而且各个维度之间环环相扣、盘根错节，不同社会行动者之间有时等同有时分化、时而竞争时而协同。故，民生建设是一项极为复杂、微妙的重大事业。因而，实现民生建设目标，除有先进的理念来引领方向、以高效的建设形式作为保障之外，还需要一个个实实在在的建设载体，作为民生建设推进落实的具体抓手。

载体的挖掘和落实对于民生建设也是十分重要的。依托民生建设载体，民生建设的目标可以具象化、建设步骤可以阶段化、建设成果检视可以精准化，对民生建设失败教训的吸取和成功经验的凝练都可以更为深入。抓住了关键载体，民生建设能达到事半功倍的效果。反之，如果没有找准关键载体，先进的民生建设理念和有效的民生建设形式可能会在实际民生项目的推进中效率大打折扣。

浙江在过去十几年的民生建设中，一直非常注重关键载体的探索和甄选。以政务改革为例，浙江"最多跑一次"改革目前已经成为全国效仿学习的政府改革模板之一，是一次很成功的民生建设载体尝试。而进入改革内部，载体的选取对改革的推进同样至关重要。“最多跑一次”改革的成功，首先离不开先进的改革理念和正确的改革路径，但改革能够在短短三四年间达到省域全覆盖、涉及政务比例繁多的局面，也离不开改革载体的大胆探索。2017年出台的《政务办事“最多跑一次”工作规范》中专门设置的容错免责条款，激发了各地政府因地制宜地积极探索适应当地经济发展和社会民情的改革方案，作为推进当地政务改革的优质载体，成为各地改革锐意进取的重要基础。

未来，浙江将继续在民生建设的各个领域，积极探索能保障优质民生产品与服务供给的各类载体。除了政府与政务改革这类宏观制度载体，还会在各个民生重点改革领域定位有利的具体载体来攻克改革关键点。例如，医疗保险制度改革中的医疗支付关系到人民群众能否及时、高效地得到医疗保险金的兑付，是影响人民群众享受医疗保险待遇的关键环节。后续浙江在医疗支付改革中将以互联网产业中领头企业、民政与大数据等政府部门、高校等相关科研机构为主体，或许是以重大项目的形式形成一个医疗支付改革载体，作为该领域推进改革进程的关键抓手。此外，各个民生领域的改革与重大项目很可能会选择搭载高新技术或探索如何结合高新技术来形成智慧载体，使得民生项目落地方式更为灵活、丰富，民生建设成效可视化程度大大提高。目前已有一些智慧项目开始启动，如智慧驾驶舱、智慧家长学校等。浙江未来的民生建设很可能形成一个智慧生活的风潮。

11.4 未来浙江民生建设的表达变迁

民生建设的成果必须落到实处，通俗来说，即必须是实实在在可见的。因而，随着民生建设的推进，浙江民生建设的表达已经初步完成了这样的变迁——从回应上级指示、落实上级政策、对标考核指标，到创造性回应民生需要、落实民生实事、对标美好生活。

以都市菜园的健康生活实践为例，杭州市上城区湖滨街道涌金门社区打造的“都市菜园”项目，无法在当前各级党委与政府的相关文件中找到直接的支持性规定。这个项目在建设过程中曾被周边社区和媒体担忧“吃力不讨好”，因为没有上级政府的政策指示，成果也无法计入当前的工作考核指标，还因为要处理的工作复杂且推进艰难。最终这个项目在社区工作人员与社区居民的密切配合和相关部门的支持下顺利完成，得到社区居民的一致好评，还成了浙江乃至全国都市社区健康生活的知名案例。

类似这样的民生建设案例在浙江会越来越多，它们将把民生需要、建设形式、建设载体等关键内涵的表达一步步从经验和政策层面下沉到生活场景之中，落实到“环保衣柜”“美味餐桌”“平安家居”“便捷出行”等与人民群众福祉最息息相关的生活需要之中。

同时，浙江民生建设的理念与精神表达，也会随着浙江民生建设的实践不断创新与变迁。以浙商精神为例，在 20 世纪八九十年代以经济改革为重点的阶段，“四千”精神——走遍千山万水，历经千辛万苦，道尽千言万语，想出千方万法，凝练出了浙商敢于拼搏、艰苦创业的昂扬风貌。而在民生建设与社会发展和经济改革并重的当今，浙商精神已经逐渐形成了新的内涵。除了精益求精的工匠精神、敢为人先的创新精神、诚信和谐的信义精神和奋发图强的进取精神，达则兼济天下的济世精神也在浙商的慈善实践中逐渐沉淀，成为浙江民生建设的重要思想财富。

11.5 未来浙江民生建设的意识变迁

“担当新使命、争做排头兵”是未来浙江民生建设将长期秉持的一种姿态。

作为中国革命红船的起航地、中国改革开放的先行地和习近平新时代中国特色社会主义思想的重要萌发地，以及新时代全面展示中国特色社会主义制度优越性的重要窗口，浙江要继续以高标准高质量来建设民生事业。

浙江在民生建设中不仅要继续坚定执行“八八战略”，做好“放管维扶”协调推进，为市场有序有活力、人民安居乐业不断优化经济和社会发展的生态和制度环境，打造一个经济与社会两翼齐飞的发展样板，还要持续推进和完善为民办实事长效工作机制，以人民对美好生活的向往为奋斗目标，围绕民生十大方面不断创新，锐意进取，成为展示中国美好生活的窗口。